「それから」の大阪

a pilot of wisdom

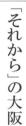

目　次

写真撮影／スズキナオ
章扉作成／MOTHER

はじめに

大阪で暮らす人々は、外から見た〝大阪らしさ〟をあえて演じているんじゃないかと思うときがある。大阪に引っ越してくるまで、私が持っていたイメージは「お笑いの町」「コナモンの町」「おばちゃんが元気な町」といった、大阪を外から眺める多くの人が思い浮かべるであろうものと同じだった。しかし、大阪で生活するようになると、そのような〝大阪らしさ〟は決して嘘《うそ》ではないにせよ、かなり大げさにデフォルメされたものだと感じるようになった。漫才師の掛け合いのようなスピード感のあるやり取りが聞こえてくることも確かにあるが、小声でゆっくりしゃべる人、寡黙な人だっている。たこ焼きやお好み焼きを毎日のように食べるわけではないし、ヒョウ柄の服に身を包んだおばちゃんばかりが町を歩いているわけでもない。そもそも私のような移住者だって大勢いる。

だからそれらのイメージはあくまで外から見たものであって、内側から見える大阪はもっと複雑だ。ただ、その複雑さを語り出せばキリがないから、「コテコテの大阪ゆうことで、まあ、ええわ」と、少し投げやりに受け入れている節がある。

私はその表面的な大阪らしさの内側に隠れた、もっと普通でありふれた、いわば〝平熱の大阪〟を知ってもらいたいと思った。なぜなら私が生活者として日々ふれているのはその平熱の大阪だからであり、私が大阪に対して感じる魅力も、そういったものだからだ。

移住者である私から見た平熱の大阪を描きたいと、そんな考えが本書のもとになった。しかし、誰もが知るとおり、2020年以降、新型コロナウイルス感染症が世界中を覆い、日本もまたその脅威に翻弄されることになった。私の当初のもくろみも変更を余儀なくされ、平熱の大阪どころか、未《いま》だ経験したことのない恐怖に脅《おびや》かされる非常時の大阪を見てまわるものになった。しかし一方で、このような非常時だからこそ、その根底に存在する普遍的なものがかえってはっきりと見えてくる気もした。

2020年以降、大阪のあちこちをめぐって見聞きしたこと、出会った人々から聞いた話を中心に本書は構成されている。そこには未知のウイルスが及ぼした影響もありありと現れているが、一方で、そんな中でもしなやかに続いていく大阪の日常の力強さも記録されているのではないかと思う。

本書は、ウェブサイト「集英社新書プラス」での２０２０年8月から２０２１年10月までの連載分に加筆修正のうえ、新書化しました。

第1章

天満あたりから歩き始める

天満「但馬屋」前（2015年10月撮影）

生まれ育った東京を離れ、私が大阪へ引っ越してきたのは２０１４年の夏のことだった。東京にいたころはＩＴ広告関連の会社に勤めていて、上司に怒られたり呆《あき》れられたりしてばかりの平社員として、それでもなんとか会社にしがみつくように生活していた。しかし、30代半ばとなってくると、会社から求められるものも徐々に大きくなってくる。マニュアルを作成して業務の効率化に取り組んだり、グループ長として後輩たちを束ねたり……。会社勤めをしていく以上、どれも当然の課題なのかもしれないが、私にとっては苦手なことばかりで、まったくうまくいかない。上司に叱られるのにはすっかり慣れていたが、入社してきたばかりの新人たちから「ははーん、この人、さては無能だな？」とすぐに見抜かれ、白い目で見られるのは精神的にこたえるものがあった。

仕事や会社に愛着を持つこともできていなかったし、10年先に自分が同じ場所でイキイキと働いている姿もまったくイメージできなかった。技術の進歩や流行の移り変わりによって激しく変化していくＩＴ業界のことだし、会社の人員削減リストに載せられないとも限らない。

そんなふうに、今後の仕事に対して漠然とした不安を抱き続けている日々だった。そこに持ち上がったのが、生活の拠点を大阪に移そうかという話だ。私の妻は大阪出身なのだが、高齢になった義母が実家の稼業の後継者を求めているという。ちょうど我が家に子どもが生まれたタイミングでもあった。

妻にとってみれば、明らかに将来性に乏しい夫の仕事に一家の命運を預けるより、自分がとりあえず安定した職を手にして大阪の実家近くで生活していく方が確実に思えたのだろう。こういうとき、「そこまで考えさせてしまってごめん！　俺、もっと頑張るよ」とか「キャリアアップして転職も視野に入れていくようにする！」などと考える人もいるのだろうけど、私は「なるほど、そっちの方が食いっぱぐれる心配が減るね。それがいいかも！」とすぐに賛成した。

もちろん、住み慣れた東京を離れるのは簡単なことではなかったが、馴染《なじ》みのない場所で新しい生活を始めるというのも刺激的でいいじゃないか。また、転居を機に、これまで副業として小遣い稼ぎ程度に続けてきたライター業に本腰を入れてみたいという気持ちもあった。

初めて見る「生活者のための大阪」

そうして引っ越してくる少し前に、改めて大阪を訪れた。妻の実家に挨拶に行きがてら、近所を散策した。「『天神橋筋商店街《てんじんばしすじ》』という長いアーケード街があるから見てきたらどうか」と教えられ、そこまで歩いてみることにした。

「天神橋筋商店街」は大阪市北区の天神橋一丁目から七丁目までを貫いて伸びていて、「日本一長い商店街」が謳《うた》い文句になっている。ちなみに、大阪の北側の中心地である梅田からもほど近く、JR大阪駅から大阪環状線という電車に乗って一駅の距離だ。

地下鉄の天神橋筋六丁目駅があるあたり、通称「天六《てんろく》」から商店街に入っていくと、通りの両側からせり出すかのような迫力で、たこ焼き屋、洋品店、100円ショップ、寿司《すし》屋、雑貨屋、ドラッグストアなどなどの店舗が立ち並んでいて、その間を大勢の人が行き交っている。それまでの自分にとって、大阪のイメージといえば、学生時代に旅行に来て歩いた道頓堀《どうとんぼり》とか新世界など、これぞ大阪というような観光地として有名なところばかりで、歩いているのもほとんどが観光客のように見えたけど、ここは違う。おじさんおばさ

賑わう「天神橋筋商店街」(2014年10月撮影)

ん、おじいさんおばあさん、スーツ姿の人、ベビーカーを押す人、若いカップル、学生グループ、さまざまな年齢層の人たちがそれぞれの目的を持ってやってきている様子だ。

もちろん私のように、有名な天神橋筋商店街とやらを歩いてみようとやってきた人や、好きなお店があって遠くから足を運んでいる人もいるのだろうけど、近くに住まいや職場や学校があったりする人々が生活空間として利用している印象である。

数年暮らした今となっては、天神橋筋商店街はまだまだよそいきな表情を持った方で、大阪には他にもっともっと生活感にあふれた商店街がたくさんあると知ったが、そのときの私には、天神橋筋商店街の喧騒《けんそう》は、初めて見る「生活者のための大阪」として映った。

少し歩くとJR天満《てんま》駅付近にさしかかり、そこからグッと道幅が広くなる。このあたりは天神橋筋商店街の中でも一番活気のあるエリアで、前述のとおり、年齢も性別も目的もさまざまな人たちが集まっているためか、テレビ番組のロケ隊を頻繁に見かける。大阪らしいコテコテな雰囲気にフォーカスしたければおばちゃんにカメラを向け、景気の動向について聞きたければビジネスマン風の男性にマイクを差し出し、と、どんな取材テーマにも対応できて便利なスポットなのだろう。

天神橋筋商店街をそのまま歩き、菅原道真《すがわらのみちざね》を祀《まつ》る「大阪天満宮」に賽銭《さいせん》を投げに行くのもいいのだが、私はたいていこのJR天満駅周辺の路地に吸い込まれていく。特に駅の北側から天満市場のある商業施設「ぷららてんま」周辺にかけての路地の入り組み方とそこに飲食店がひしめく様子は、雑多でエネルギッシュで、私の胸を高鳴らせるものがあり、初めて足を踏み入れたときには強い衝撃を受けた。

朝9時から営業する酒場「但馬屋《たじまや》」では、大量に余ってしまったキムチを天ぷらにしてみたところから生まれた「キムチ天」をつまみに瓶ビールが飲める。老舗《しにせ》のお好み焼き店「風月」の目の前には、おばあちゃんが店先の鉄板でたこ焼きを焼く店がある。市場で働く人々向けに午前2時から昼の11時まで営業している大衆食堂「ひろや」は、夕方から「裏ヒロヤ」と名を変え、行列のできる絶品イタリアンバルとなる。市場の北側には庶民的な価格の飲食店が軒をつらね、ビニールシートを軒先に張り出して営業するスタイルの店舗が多いために「ビニシー通り」と呼ばれている。

キョロキョロと視線を動かしながら歩くだけで鳥肌が立つほど興奮してくる、迷路のような町並み。江戸時代から大阪有数の遊興地として賑《にぎ》わったのが第二次大戦時の空襲によって焦土と化し、戦後の闇市から復興していったというエリアゆえ、複雑な構造が形づくられていったのだろう。こんなに魅力的な町並みがあるのか……この町の近くでなら楽しく暮らしていけそうだ、とそう思った。

そうして天満の隣町に暮らすことになった私は、たまに東京から友人が遊びに来ると、まず必ずといっていいほど天満を案内するようになった。自分が初めて触れた大阪の生々しい迫力を友人たちにも味わって欲しいのだ。その都度、案内する私自身に新しい発見をもたらしてくれるような、尽きない魅力がこの町にはある。

ビニールシートの向こうには

しかし、その天満から足が遠のく日々が続いた。新型コロナウイルス感染症が猛威をふるい、2020年3月初旬に大阪市内のライブハウスで行われたライブ参加者に多数の感染者が確認されたという報道があった。その後も感染の勢いは収まらず、3月19日には大阪府から「三連休、兵庫県との不要不急の往来を自粛せよ」との要請が出された。4月16日には大阪にも緊急事態宣言が発令され、それに先立つ4月14日には、大阪府が府内の映画館やパチンコ店などの施設に向けた休業要請を出した。飲食店の休業までは要請されなかったが、営業時間は午後8時までと制限されることになった。「ステイホーム」が叫ばれていたころでもあり、私自身、ほとんどの時間を自宅で過ごした。

家の近くを「大川《おおかわ》」という川が流れている。氾濫を繰り返していた淀川《よどがわ》が明治時代に行われた大規模な改良工事によって現在の位置を流れるようになるまで、この大川が淀川の本流だった。そのため「旧淀川」と呼ばれることもある。近所のスーパーまで食糧の買い

以前より人の少ないＪＲ天満駅周辺の往来（2020年８月撮影）

コロナ禍の「但馬屋」（2020年７月撮影）

出しに行った帰り道、いつも私は大川の川べりまで行き、そこから対岸の天満方向を眺めては、あの入り組んだ路地の店々はどうなっていることだろうかと思いを馳《は》せた。川を越えて少し歩けばすぐたどり着ける町が、すごく遠くなってしまったように感じた。

ようやく天満の様子をしっかりと見に行くことができたのは、緊急事態宣言の解除後、感染者数の増加に歯止めがかかったように見え、世間に自粛解禁ムードが漂い始めた2020年6月上旬のことだった。いつもなら大川沿いを散策して家に帰るところを、そのまま足を延ばして天満まで歩いてみた。そこに廃墟《はいきょ》のような町並みが広がってはしまいかと、おそるおそる覗《のぞ》き見るような気持ちだった。しかし、そんな不穏なイメージを一瞬で吹き飛ばすかのように、そこにはこれまでと同じく、活気ある天満の町があった。

「こんなにも普通でいいんだろうか」と、むしろ心配になったほどである。いつも行く但馬屋の前を通りかかると、ビニールシートを天井から吊《つ》るし、テーブル席の間に仕切りを設けて営業している。コロナ以前と異なっているのはその点だけで、ビニールシートの向こうには酔客たちの背中が見える。それを見て、どんな状況であれ、人の営みはこのようにして続いていくのではないかと、そんなことを思った。

私は今また再び、この天満から歩き出し、コロナ禍によって変貌を遂げた大阪と、それをどこ吹く風と平然と押しのけていく人々の力強さと、その両方を確かめてみたいと思った。

第2章

万博開催予定地の「夢洲」をあちこちから眺める

万博会場になることがまだ信じられないような夢洲（2020年8月撮影）

２０２０年8月25日、２０２５年に開催が予定されている大阪・関西万博（日本国際博覧会）のロゴマークが公開された。万博のテーマである「いのちの輝き」を表現したもので、細胞のイメージだという赤い円の中に5つの目玉のような形が配置され、左右非対称でどこか生物めいたデザインだ。インパクトのあるがゆえに世間でも賛否両論が巻き起こったが、吉村洋文《ひろふみ》大阪府知事は「個性的なロゴマーク」と称《たた》え、松井一郎大阪市長は「これだけでも万博の注目度は上がった」と発言した。

私はスマートフォンで開いたニュースでこのロゴマークを最初に見たとき、「えっ！本当にこれ？」と、びっくりして二度見した。確かに印象には残るかもしれないが、万博のロゴとしてふさわしいものなのかわからなかった。当然だが、今後はこのマークをあしらったさまざまなグッズやポスターが作られ、大阪の町のあちこちに姿を現すのだろう。なんとも違和感のある風景になりそうだな……まあ、そのうち慣れてしまうんだろうけど。

ツイッターを見ると多くの人がこのロゴマークについて意見を言い、パロディ画像がたくさんリツイートされていたりして、とにかく「大阪万博というものが２０２５年に開催されるらしい」ということがこれまで以上の現実感をもって受け入れられた印象はあった。

大阪・関西万博は、大阪市此花区《このはな》にある「夢洲」という埋め立て地を会場として開催される予定だ。「夢洲」と書いて「ゆめしま」と読む。「夢洲」は「舞洲《まいしま》」と「咲洲《さきしま》」という人工島と距離的に近く、トンネルと橋でつながっている。「舞洲」、「夢洲」、「咲洲」と三つ並べると俗にいうキラキラネームのようだが、これらの名は1991年に一般公募でつけられたもの。「洲」の字を「しま」と読む例は一般的にはないらしく、難読地名の部類だろう。私も大阪に越してきた当初はまさか「しま」と読むとは思わず、「まいす」とか「ゆめす」と言ってしまっていた。大阪市の西部の湾岸にあり、「ユニバーサル・スタジオ・ジャパン(USJ)」や水族館「海遊館」のある天保山《てんぽうざん》のさらに西に位置している。

三つの人工島はすべて、1988年に大阪市が打ち出した「テクノポート大阪」という都市構想の舞台として夢見られた場所で、巨額の予算がつぎ込まれて大型施設が建ち、インフラも整備されつつあったが、バブル崩壊のあおりもあって計画が頓挫。思い描いたようにに発展することはなく、大阪府民に「負の遺産」として認知されるようになった。その後も、舞洲・夢洲を開催予定地に2008年の五輪招致を行うも失敗したり、咲洲にあった「大阪ワールドトレードセンタービルディング」を2010年に大阪府が購入して府の咲洲庁舎として利用されることになったり、なんとかこの三島を有効活用しようというのがここ25年ほどの大阪の課題だった。

大阪・関西万博が開催されてそこに人が集まり、会場の夢洲はもちろん、隣接する咲洲、舞洲も含めて一気に大阪の西側が盛り上がる！というのが理想のビジョンなのだろうけど、そんなにうまくいくものなんだろうか。個人的には一気に景色が変わって明るい未来がやってくるようには思えないのだが、とりあえず2020年時点の三島の様子を書き留めておきたい。

荒れ果てた海岸から眺める、鮮やかな夕焼け

公共交通機関で舞洲へ行くには、JR西九条駅前から出ているバスに乗る必要がある。駅前を出たバスは北港《ほっこう》通りを進んで此花大橋を渡り、30分ほどで舞洲スポーツアイランド停留所へ到着。舞洲は五輪招致の計画段階でスポーツ施設が多数作られ、それが今も残っ

ているためにスポーツの島といったイメージが強い。島内にある「大阪シティ信用金庫スタジアム」とサブ球場の「オセアンバファローズスタジアム舞洲」はオリックス・バファローズの二軍の拠点として使用されており、プロバスケットボールチーム・大阪エヴェッサの本拠地「おおきにアリーナ舞洲」もある。実際、舞洲へ向かうバスに乗っていた乗客の多くは熱心なスポーツファンらしく、球場のそばにあるオリックス・バファローズの寮の前で記念写真を撮っている姿を見かけたりした。

島の南側には緑も多く、舞洲緑地という公園や、手ぶらでバーベキューが楽しめる施設もある。受付で聞いてみたところ、土日は数カ月先まで予約が入っているほどの人気ぶりなのだという。

とはいえ、取材時は平日で、島を歩いていてもほとんど誰ともすれ違うことがない。2020年は新型コロナウイルス感染症の影響で中止になってしまったが、「サマーソニック」をはじめとした野外音楽フェスも舞洲で開催されることが多いし、人が集まって賑やかなときとそうでないときの差がかなり激しいのだろう。

島の南側、海に面した「舞洲シーサイドプロムナード」まで行ってみると釣り人の姿が

舞洲南岸から夢洲を眺める（2020年１月撮影）

北岸には2018年の台風の被害が残る（2020年１月撮影）

ちらほら。このあたりはあまり手入れが行き届いていない様子で、敷石が欠けていたり剝がれてしまっていたりして歩きにくい。「破損している施設がありますので、注意してください」という注意書きがあちこちに掲示されている。対岸には夢洲が見え、コンテナと、そのコンテナの積み下ろしをするガントリークレーンが何基もそびえ立っている。荒涼とした景色の中を、行けるところまで行ってみようと歩いていると、この先が立ち入り禁止区域であることを告げる自動音声が突然流れてギョッとした。誰もいない星を守り続けている孤独なロボット、というイメージが浮かぶ。

島の反対側、北端の海辺へも足を延ばしてみたが、こっちはさらに荒れ果てていた。どうやら2018年の台風21号の被害を受けてあちこち破損したままになっているようだ。ゴツゴツした岩肌に点々とゴミの散らばった海岸。そこを鮮やかな夕焼けが染めていくのをしばらく見つめて帰った。

「陸、海、空」から夢洲を眺める

海辺から眺めた夢洲の全景を、もっとしっかり見てみたいと思った。となれば、高い所に上るのが一番だろう。新型コロナウイルス感染症の影響を受けて大阪市内をめぐる観光ツアーが軒並み値引きされていると聞いて探してみたところ、舞洲周辺の上空を遊覧飛行するヘリコプターに搭乗できるという触れ込みのツアーが大幅に値引きされているのを見つけた。「夢洲の全景を眺めるのにこれ以上のやり方はないはず！」と思い、参加することにした。ツアーは天保山の大観覧車に乗り、観光船「サンタマリア号」に揺られ、最後に舞洲のヘリポートに向かってヘリコプターに乗るという行程である。

ツアー当日、梅田から乗り込んだバスは30分ほどで天保山に到着。早速観覧車に乗ることになった。高さ112・5メートルの天保山大観覧車は1997年に開業したもの。1周15分もかかるという大きさで、大阪湾岸エリアのいたる所からその姿が見える。せっかくなので、60基あるゴンドラのうち8基だけだという、全体が透明ガラスに覆われてスケスケの「シースルーゴンドラ」に乗ってみることに。

コロナ禍の影響か、ツアー参加者の他には乗客もおらず、数分待っただけで乗れてしまうのが少し寂しくもある。床下の様子が丸見えのゴンドラにそわそわとして落ち着かなさを感じつつも、天保山のショッピングモール周辺やUSJのジェットコースター、そして舞洲や夢洲まで見晴らすことができた。先日は、夢洲を北側から見て、今度は東側から見ていることになる。まあ、どっちから見ても「キリン」の愛称で呼ばれる例の大きなクレーンがそびえ立つ様が目に入るだけなのだが。

観覧車を降りた後に乗船した「サンタマリア号」からも、やはり遠くに夢洲の姿が見えた。そしていよいよヘリコプターである。今日は観覧車から、船の上から、そしてヘリコプターからと執拗《しつよう》に夢洲を眺める一日なのだ。バスは舞洲の北側にある小川航空のヘリポートへ向かう。3人乗りの小型ヘリにツアー参加者が乗っては降り、を繰り返す。飛行時間はなんと3分間らしい。「たった3分か、とみなさんおっしゃいますけど、実際にヘリコプターに乗ってみると結構長く感じられると思いますよ」とガイドさんが言う。緊張して30分ほど順番を待ち、いよいよ私が搭乗する番となった。プロペラが回る音が一気に速くなり、轟音《ごうおん》のようになったと思った瞬間、ふわっと機体が浮かび上がった。不思議と恐怖を感じなかったのは、3分間をこの目に焼き付けようと必死だったからだろうか。

先日歩いた舞洲の海岸を見下ろしたかと思うと、目の前いっぱいに日差しを受けて銀色に輝く海が広がる。「あちらが夢洲、万博の開催予定地です。その後にはカジノができる

遥か上空から見る夢洲の姿（2020年８月撮影）

予定です」と、操縦士がアナウンスしてくれる。前方に見えるのはただただ何もないスペースである。「ここに万博会場が……カジノが……」と想像している間にヘリコプターは大きく旋回。再び舞洲の景色が眼下に見えてきたと思ったらもう着陸の時間だ。

小川航空の遊覧飛行にはさまざまなコースがあり、15分も乗れば難波《なんば》や梅田あたりまで見下ろせるそうだ。最近では30分ほどかけて百舌鳥《もず》・古市《ふるいち》古墳群まで行くコースを利用する客も多いという。世界遺産に登録された古墳群と言えど、陸からでは小高い丘にしか見えない。いつか上空から前方後円墳のくっきりとした輪郭を眺めてみたい気がするが、30分間のフライト料金は10万円を超えると聞き、唇を噛《か》みしめた。

いよいよ、夢洲上陸！

さて、陸から海から空からと夢洲を眺めてきた私の次の目標は、実際に夢洲に上陸してみることである。上空からの眺めでわかったとおり、現在はコンテナとクレーン以外これといったものがない夢洲だが、島内に1カ所だけバスの停留所があり、特別な手続きなどなく上陸することができるのだ。咲洲にある大阪メトロ・コスモスクエア駅の駅前から、「夢洲コンテナターミナル前」行きの北港観光バスに乗車すればいい。

バスは咲洲から「夢咲トンネル」という海底トンネルをくぐってすぐに夢洲へ上陸するのだが、そのままいったん夢洲を通り過ぎて舞洲へ向かい、舞洲を1周して再び夢洲へ戻るという不思議なルートを辿《たど》る。夢洲のバス停で下車できるのは舞洲をグルッと回った後ということになるのだが、舞洲観光がセットになったと思えばお得に感じられなくもない。

舞洲のランドマークで、オーストリアの建築家・フンデルトヴァッサーが設計した舞洲清掃工場の色鮮やかな建物も車窓から間近に見える。

バスは舞洲と夢洲を結ぶ真っ白な橋「夢舞大橋」を渡り、ようやく「夢洲コンテナターミナル前」という停留所に到着した。その名のとおり、物流施設の目の前で、広大な敷地にうずたかく積まれたコンテナを運び出すトラックが慌ただしく行き交っている。

そもそも一般の歩行者など想定されていない場所だから信号も横断歩道もない。バス停で降りても、途切れずに次々と走ってくるトラックの間をなんとかかいくぐるようにして広い道路を横断しなければ移動ができないのである。危険を感じつつ西側へ歩いていくと、島内で唯一、一般客でも利用できるスポット「セブンイレブン大阪夢洲店」がある。ちなみに、このコンビニの前にだけは信号と横断歩道があった。

大型トラックが何台も停車している駐車場を抜けて入店してみたところ、当たり前だが中は普通のコンビニである。利用客のほとんどはトラック運転手らしく、店内の手洗い場で歯磨きをしている人の姿があった。イートインがあり、ここで食事をしていく人も多いのだろう。私もカップラーメンを食べていくことにした。もちろんいつもと同じ味だが、何もなかったころの夢洲で食事をしたということが、いつか思い出話になるかもしれない。

バスの車窓から見える舞洲の清掃工場（2020年８月撮影）

駐車場のトラックの先に島内唯一のコンビニが（2020年８月撮影）

発泡酒を買って外に出る。店の前を掃除している店員さんに話を聞くと、「この辺には歩いて行けるところはあまりないですよ」とのこと。店員さんも自家用車や送迎車でここにやってくるそうだ。日差しを遮るものの一切ない広漠とした風景の中をうろうろと歩いてみる。歩ける範囲が限られているとはいえ、なんせ敷地は広いので結構疲れる。草が伸び放題になった広場の片隅にはエナジードリンクの空き缶や栄養ドリンクの空き瓶が多数置かれており、運転手たちが疲労を癒しつつここで時間を過ごしたことが想像される。「夢舞大橋」付近から舞洲方面を眺め、島の南部を歩いてからバス停へ戻った。

地上252メートルの展望台から

コンテナとトラックばかりが支配する夢洲を離れて数分で、再び咲洲のコスモスクエア駅前へ戻ってきた。駅からは高さ256メートルの「さきしまコスモタワー」の威容が見え、あの展望台からも夢洲が見えるのではないかと思い、立ち寄ってみる。「さきしまコスモタワー」はかつて「大阪ワールドトレードセンタービルディング」という名のついていたビルで、前述のとおり、現在は大阪府の咲洲庁舎として府の一部機関に

咲洲に高くそびえる「さきしまコスモタワー」(2020年８月撮影)

利用されている。55階にある展望台は地上252メートルの位置にあり、日本でも有数の高さを誇っている。入場料金の800円を払って上ってみると、私の他に利用客の姿はなかった。急に降り出した雨によって残念ながら窓の外の眺望は完璧なものではなかったが、それでも自分の歩いた夢洲がしっかりと一望できた。夢洲の全体像をとらえるには、ここからの眺めが一番かもしれない。

展望台内には簡単な食べ物と飲み物を販売するスタンドがあり、そこで生ビールを購入してスタッフの方に話を聞いたところ、万博開催予定地の現在の姿を撮影しにテレビの撮影班が来たり、万博関連企業の人々が視察に訪れたりもするという。「この展望台をもっとたくさんの人に知ってもらいたいんです！　平日はのんびりできるし、夜景もすごく綺麗《きれい》なんですよ！」と、心からこの展望台に誇りを持っているようだった。大阪の負の遺産の象徴のようにも言われる「さきしまコスモタワー」だが、ここで働く人にとっては愛着のある場なのだ、と当たり前のことに気づく。ここで撮影したという虹の写真を見せてくれた。

それから1時間ほど、展望台から景色を眺めつつ酒を飲んだ。今はまだ万博会場になるなんて冗談のようにしか感じられない夢洲の姿。この景色が変わっていくのを、これから何度もこの場所に来て眺めてみることにしようと思う。スタッフの方に「年間パスポートはないんですか？」と聞いてみたところ、「絶対あった方がいいですよね！　上の者に言っておきます！」と笑顔で応じてくれた。いつかそれが実現することを願いながら、ほろ酔い気分で地上へ向かうエレベーターに乗り込んだ。

第3章

大阪の異界「石切さん」は〝西の巣鴨〟か

石切劔箭神社へ向かう参道のゲート（2020年9月撮影）

Go To トラベルで「大阪から大阪へ」旅行してみる

２０２０年７月22日、観光庁の主導によって「Go To トラベル」キャンペーンがスタートした。新型コロナウイルス感染拡大の影響で壊滅的な打撃を受けた旅行業界や観光地、交通機関への消費を喚起することを目的とした施策で、キャンペーン期間内の国内旅行を対象に宿泊・日帰り旅行代金が大幅に割引されるというもの。割引額は国が補填し、政府の発表によればGo To キャンペーン全体で約１兆６８００億円の予算が投じられるという（その後、追加予算も計上された）。一時期は減少傾向にあった国内の感染者数が再びじわじわ増え始め、収束の兆しの見えない中でのスタートということもあり、「時期尚早ではないか」と批判の声も多かった。人の行き来を推進することで感染が拡大してしまうのではという懸念もあり、旅行客を受け入れる側になる地方自治体からも反対意見が目立った。また、その施策によって支援されるはずの業者の側にしても、参加申請の手続きが予想以上に煩雑だったり、客の対応に追われて現場が混乱したりとスムーズにはいかず、開始からドタバタ続きのキャンペーンとなった印象である。

観光業界や旅行業へ向けてお金の流れを作り出そうとすること自体は理解できるにしても、このやり方が最善だったのだろうかと、個人的には疑問を感じるところだった。とはいえ、キャンペーンがスタートしてしまった以上、それをある程度の人が利用し、売り上げが大きく落ち込んだ業界が少しでも活性化することを願うしかない。キャンペーンの利用者が当初の見込みに比べて伸び悩んでいるというニュースをテレビで何度も目にしていたこともあり、私は徐々に「どんなものか実際に利用してみようか」と思うようになってきた。ただ、私の住む大阪府は東京都の次ぐらいに連日多くの感染者が報告されていた。他県へ遠出するのはあまり気が進まず、大阪府内で、これまで行ったことのない地域に宿泊してみようかと考えた。

しかし、いざ利用しようと思ってキャンペーン概要について調べてみても、難しくてよくわからない。私の理解力不足のせいかもしれないが、単純に旅行費用が割り引かれるというだけではなく、その一部はクーポンとして付与されるとか、細かな利用条件があるとか、どうにもすんなりと理解できないのだ。「こんなふうに利用するとお得です！」と解説しているブログなどもたくさん見つかったが、しまいには比較検討すること自体が面倒になり、結局、よく考えずに大手旅行予約サイトを通じて宿を探してみることにした。

キャンペーンの対象となる宿泊施設の中から、東大阪市の石切《いしきり》駅近くにあるホテルを予約した。大阪の東側、奈良県との県境にそびえる生駒山《いこまやま》の山麓に位置する石切には石切劔箭《つるぎや》神社があり、その参道に商店が立ち並んでいて趣があるというので、前々から一度訪れてみたいと思っていたのだ。

府知事の缶バッジがお出迎え

さて当日、久々の旅行気分で目指した石切だったが、大阪市内からそれほど遠くないことにまず驚いた。焼肉店が多数あることで有名な鶴橋駅から近鉄奈良線に乗ると30分もかからずに到着してしまう。腕時計を見ると、自宅を出て1時間も経《た》たないうちに石切に降り立っているではないか。こんなに近いのなら日帰りでよかったなと思ったが、いや、今回はあえてこの近距離の旅行を楽しみに来たのだったと思い直した。電車に乗っていると、石切の一つ手前、額田《ぬかた》駅あたりから一気に標高が上がり、景色が変わるのがわかる。石切駅を降りて歩くと、眺めのいい場所からは大阪の町並みを見下ろすことができた。

石切駅付近から大阪市街地を眺める（2020年９月撮影）

ホテルのフロントで配布されていた缶バッジ（2020年９月撮影）

まずは駅からほど近いホテルＳにチェックインすることにした。私が宿泊日に定めたのは9月後半の連休だったのだが、この連休は日本各地が久々の人出で賑わい、後から振り返ってみれば、例年の同時期よりも混雑した地域すらあったほどだったという。ホテル内にも多くの宿泊客の姿があった。フロントでは通常の宿泊案内に加え、キャンペーンのメリットである電子マネーなどを利用したポイント還元の説明を受けることになり、そのせいもあってか受付の順番を待つ客が多かった。

説明が終わると、驚いたことに、部屋の鍵とともに吉村洋文大阪府知事の顔が描かれた缶バッジを手渡された。宿泊特典として希望者に配布しているのだという。

コロナ禍で吉村知事のテレビ出演の機会が増え、全国的にも知名度が高まっているとは聞いていたし、それにあやかってこういったグッズが作られていることは知っていたが、まさかそれを自分が受け取ることになるとは。よく見るとフロント近くのお土産売り場では吉村知事をモチーフにしたクッキーやＴシャツなどのグッズが販売されており、ホテルをあげて現在の府政を支持しているようだった。

首相が新しくなるたびに和菓子店で「〇〇総理まんじゅう」といった商品が売り出され

るのと同じ類いといえばそうなのだろうが、私も含め、府政に対して懐疑的な人も少なくはないだろうに……。少なくとも今、こういったことが平然と受け入れられるほどに吉村知事がお茶の間レベルの人気を獲得しているということは間違いないようだ。ちなみにそのバッジの件で面食らった以外、ホテルでは快適に過ごすことができた。部屋の窓からも大阪の市街地を広く見渡せた。

占い所で仕事運を聞いてみた

部屋に荷物を置き、石切劔箭神社の参道を散策してみることに。「石切さん」の愛称で親しまれる石切劔箭神社の発祥は神武《じんむ》天皇の代と伝えられており、ここに参拝すると腫れ物が治ると言われている。近年では腫れ物から転じてガン封じの神様としても広く知られるようになり、各地から参拝客がやってくるそうだ。

石切駅から神社へ向かう道は急な下り坂で、山を下りていくような感じだ。なかなかの勾配なので、参道入口では無料で杖《つえ》を貸し出していた。

〝日本で三番目〟を標榜《ひょうぼう》する高さ6メートルの「石切大仏」を通り過ぎてさらに下って

いくと、参道のあちこちに占い所が見えてくる。石切周辺は占いスポットとしても有名で、人生相談をしたいとか、赤ちゃんの名づけのアドバイスを受けたいなどといった人々がここを頼りにやってくるという。「水晶パワー」「一願成就」「タロット」「開運」というフレーズのおどる旗や看板の文字が目に入り、異界を旅しているかのような気分になってくる。

占い所の他には、名物だという「よもぎうどん」を提供する食事処《どころ》や、団子屋、乾物店、漬け物店、衣料品店などが並んでおり、それらを覗いていく通行人が多くて活気がある。

参道を抜けて石切劔箭神社の鳥居前にたどり着くと、本殿の前をぐるぐると歩きまわっている人の姿が見える。大勢の人が黙々と歩きまわり続ける光景に一瞬たじろいだが、これは本殿前と鳥居のところに置かれた二つの「百度石」の周りを100周しながら願掛けをする「お百度参り」で、腫れ物、ガンをはじめとした病気の治癒などをそのような形で願っているのである。

境内の一画で「お百度紐《ひも》」という紐を束ねたものを受け取り、それを一本ずつ折りながら目印にして「百度石」の間をまわっていくようだ。

私も見よう見まねでまわり始めたが、何周かした時点で「これはかなり大変だぞ」と思っ

連休で賑わう石切劔箭神社参道（2020年９月撮影）

本殿前でお百度参りをする人々（2020年９月撮影）

筆者が仕事運を占ってもらった占い所（2020年９月撮影）

た。二つの石の間は結構な距離があり、それを１００周しようと思ったら確実に１時間以上はかかりそうなのである。境内の立札に「必ずしも百度廻《まわ》らねばならないという事はございません。お歳《とし》の数だけ廻られてもよろしいです」と書いてあったのを思い出し、自分の歳の数だけまわることにしたが、途中でさらにその半分にしようと決めた。このように根性がない自分にはご利益など到底望めないだろう。周囲の人々の多くはきちんと時間をかけて１００周しているようで、その思いに頭が下がった。

　参拝の帰り道、占い所の一つに立ち寄ってみることにした。仕事のこと、将来のこと、恋愛のことなど、どれでも一つ1000円で占ってくれるという。

仕事運について聞いてみると、文章を書《か》き綴《つづ》る仕事は自分に合っているとのこと。あと3、4年頑張っていれば軌道に乗るかどうかがはっきりするという。ただ、スズキナオという名前がよくない。字画がかなり悪いそうだ。この名前にしなさいと明確なアドバイスをすると別料金がかかってしまうので「ここからは自分で考えて！」とのことだった。ホテルに向かって上り坂を歩きながら、「取材に来た先で筆名を変えるように勧められるとは」、と不思議な笑いが込み上げてきた。

その日はホテルで美味《おい》しいステーキを食べ、大浴場の露天風呂から大阪の夜景をたっぷり眺めて疲れを癒した。遠くに一際《ひときわ》高く、天王寺の高層ビル「あべのハルカス」が光っているのが見えた。

お百度参りを眺めながら酒を飲む

翌日はあまり時間がとれず慌ただしく石切を後にしなければならなかったので、後日改めて、今度は平日に石切劔箭神社参道へと足を運んでみた。賑わっていた連休と普段との町の様子を見比べてみたかったのである。

平日は閑散としているのではないかと思って来てみたが、そんな私の勝手な心配をよそに、参道には50~70代と思われる人の姿が多く見受けられた。さすが〝西の巣鴨〟と表現されることもあるだけあって、中高年~シニア世代の人々が気軽に訪れる先として普段から親しまれているようだ。

創業50年以上になるという参道脇の明石焼き店「たこつぼ」に入ってみると、3~4人のグループ客で店内は大賑わい。この店の食事メニューは「明石焼き」と「いなり寿司」のみで、着席と同時に明石焼きを何人前注文するかをたずねられる。一人前700円の明石焼きは結構なボリュームで、私はそれだけでだいぶお腹《なか》いっぱいになってしまったが、私よりかなり年上に見える方々が明石焼きといなり寿司を軽々と平らげていく様子を見て、その元気さに圧倒された。

参道の漬け物店でお土産を買いつつ、お店の方に話を聞いてみたところ、やはり4~7月あたりはコロナの影響で神社周辺はパッタリと客足が途絶えていたらしい。8月末から徐々に賑わいが戻り始めたそうで「ゴーツーゆうのでだいぶ人出が増えましたねぇ」とい

おおぶりで食べごたえのある明石焼き（2020年10月撮影）

う。「連休もそうやったし、週末はバスで参拝に来る団体のお客さんも多くなってきた。このあたりは『おかげ横丁』ゆうて、やっぱり石切さんのおかげで成り立ってるから。お参りに来る人が増えんとね」とのことだった。

改めて神社の前までやってくると、連休に比べればだいぶ少なかったが、お百度参りをしている参拝客の姿があった。神社の目の前の食事処「すずや 石切丸」で甘いダシのしみたおでんを食べながら、奈良県・生駒の地酒「嬉長《きちょう》」を飲む。あけ放されたドアの向こうに百度石をまわる人影が見え、それを眺めながら酒を飲むのはなんだか申し訳ないような気持ちだった。

店内には『刀剣乱舞』というゲーム・アニメのイラストやぬいぐるみがたくさん飾られていた。『刀剣乱舞』は日本刀を擬人化した作品で、その中に「石切丸」という、石切劔箭神社に伝わる宝刀をモチーフにしたキャラクターがいるのだとか。この店では『刀剣乱舞』関連のグッズを飾り、ファンが訪れるスポットにもなっているらしい。

ほろ酔い気分で石切駅までの帰りの坂道を上り、さらにその先まで足を延ばしてみた。辻子谷《ずしだに》と呼ばれるこの地域では、山へと続く道沿いに88対もの石仏が並び、近くの漢方薬工場から漢方薬の濃い香りが漂ってくる。あたりはひっそりと静まりかえり、神社参道の賑やかさとは対照的だ。

神社、占い所、石仏、漢方の香りと、そういうものにたくさん触れて歩いてきたからかもしれないが、石切にはどこか現代社会から離れた神秘的なムードが漂っているように思えた。気の遠くなるほどの過去や、目に見えぬ世界とも違和感なくつながっているような独特の雰囲気。ひんやりした空気を肌に感じながら山の上から改めて眺める大阪の都市の広がりが、なんだかだいぶ遠いもののように感じられるのだった。

第4章

西九条の立ち飲み「こばやし」最後の日々

高架下の気楽な立ち飲み居酒屋「こばやし」（2020年10月撮影）

住民投票の前日に

２０２０年11月1日、「大阪市廃止・特別区設置」の是非を問う住民投票が大阪市で行われ、約1万７０００票差という僅差で否決されることになった。これを受けて大阪市長の松井一郎氏は２０２３年4月の市長任期満了をもって政界を引退する意向を表明。橋下《はしもと》徹《とおる》氏が大阪市長を務めていた２０１５年に行われた住民投票に続き、「大阪維新の会」の悲願は二度退けられることになった。

大阪市民を二分する大きな判断が迫られた前日の10月31日、ＪＲ大阪環状線の西九条駅近くにある立ち飲み居酒屋「こばやし」が創業40年の歴史にひっそりと幕をおろした。

過去に雑誌の取材で「こばやし」を訪れたことのあった私は、それ以来、何度かこの店で酒を飲んだ。新型コロナウイルスの感染拡大によって外出自粛が叫ばれ、飲食店には休業要請が出ていた時期を経て「気をつけつつも経済活動を再開していこう」というムードが世間に漂い始めた２０２０年6月のある日、「こばやし」の前を通りかかると看板に明かりが灯《とも》っていた。間を詰めて並べば30人ぐらいは収容できそうな大きなコの字カウンターの内部がぐるりとビニールカーテンで覆われ、感染予防対策をしながら営業をしている様子。久々に立ち寄ってお店の方にコロナ以降について伺うと、休業要請を受けて4月から休んでおり、5月下旬にようやく営業を再開できたとのこと。「それはよかったですね」と私が言うと、「でも10月で店を閉めるんです」という言葉が返ってきた。

阪神電車西九条駅付近の高架下に店舗を構える「こばやし」。40年前の1980年3月から同じ場所で営業を続けてきたが、高架の耐震工事が開始されることに伴い、10月末で営業を終えることを決めたという。思いがけない知らせに動揺した私は、閉店までの間にできる限り店に足を運ぼうと決めた。

町工場と木造住宅の町で40年

西九条の町は、大阪市の西部、湾岸エリアの此花区にある。JR西九条駅はユニバーサル・スタジオ・ジャパン（USJ）の最寄りのユニバーサルシティ駅へ向かうJRゆめ咲線への乗換駅ともなっており、時間帯によってはUSJの行き帰りの人々で賑わっているが、特に目的もなく西九条駅で降りて周辺を散策しようという人はそれほど多くないだろう。

西九条駅は六軒家《ろっけんや》川と安治《あじ》川という二つの川に挟まれた三角州のような地帯にある。駅前周辺こそ飲食店が立ち並んではいるものの、そこを少し外れると途端に閑静な住宅街へと雰囲気を変える。住宅に混じって小規模な町工場があり、このエリアがかつて工業地帯として栄えたことの名残を留《とど》めている。高層マンションよりも背の低い木造住宅の方が目立つような町である。

「こばやし」がそんな西九条に立ち飲み店を出すことになったのは、1980年に店主・小林良亮《りょうすけ》さんの親戚が阪神電車の高架下への出店権を押さえたのがきっかけ。それまではただの空き地だった高架下が整備され、テナントの募集が開始されたのがそのころだったという。「いい場所が見つかったから商売をしないか」という親戚からの呼びかけに応じた良亮さんは、妻の静江さんと立ち飲み店を開業することを決意。急な話に乗っかる形で二人の人生は大きく変わっていくことになる。

それまで会社勤めをしていた良亮さんは包丁を握ったことすらなく、妻の静江さんもい

西九条交差点付近から見た阪神電車の高架線路。この後、高架下部分の耐震工事が始まった（2020年10月撮影）

わゆる「普通の主婦」として人生を送るものだと思っていたという。お二人とも、まさか自分たちが飲食に関わる仕事に就こうなど思いもよらなかった。見よう見まねで始めた高架下の立ち飲み店は、夫婦の柔らかく家庭的な接客もあって、常連たちに長く愛されるオアシスのような場所になっていった。ほんわかした雰囲気の良亮さんに静江さんが時折鋭いツッコミを入れる。その二人のバランスがこの店の空気を作ってきた。

そこに2019年、阪神電車から高架下の工事について連絡があった。阪神電車側は別の場所で営業を継続して欲しい

左から長女の登美さん、母の静江さん、次女の典子さん。後ろのポスターでは良亮さんが笑みを浮かべている（2020年10月撮影）

と打診してきたが、小林さん夫婦は創業40年を節目と考え、工事が始まる直前の10月末をもって店を閉めようと決めたという。

　そんな中、夫の良亮さんが病《やまい》に倒れたのは２０２０年３月のことだった。体の不調を訴えつつも３月初旬までは店に立っていたが、病院の診察を受けたところ肝臓や肺などあちこちにガンが見つかった。即入院となり、それから１週間という短さで亡くなってしまう。折しも新型コロナウイルスの感染拡大が騒がれ出したタイミングでもあり、妻の静江さんはもう店を閉めようと考えたという。

そこに手を差し伸べたのが長女の登美さん、次女の典子さんだった。二人が店に立って静江さんをサポートし、良亮さんの遺志を継いで最後までお店を続けようと持ちかけたのだ。休業要請を受けてしばらく休むこととなったが、5月中旬からようやく営業を再開できたのは前述のとおりである。

「聖地」と呼ばれるようになった理由

10月31日、私はJR西九条駅へ降り立った。駅のホームにはハロウィンらしい派手な格好をしてUSJへと向かう人々が大勢いたが、改札を出るといつもと変わらぬ駅前の風景。一つ異なる点といえば、「住民投票に『賛成』を！」と呼びかける大阪維新の会のスタッフがビラ配りをしていたことぐらいだ。

最終日とあって通常より2時間ほど早めに開店していた「こばやし」。カウンターと厨《ちゅう》房《ぼう》を隔てていたビニールカーテンもこのときばかりは取り払われ、お別れにやってくる常連客を家族総出で迎えている。

瓶ビールをグラスに注《つ》ぎ、厚揚げをもう一度油で揚げた名物メニューの「アゲアゲ」を

店の入口には「希望の灯り」「聖地こばやし」の文字が（2020年10月撮影）

つまみながら、改めて店内を見回す。入口付近には「希望の灯り」「聖地こばやし」という文字が彫り出された木の板が掲げられている。

これは、「若年性認知症の人と家族と地域の支え合いの会『希望の灯り』」という会の参加者によって彫られたもの。数年前、会の代表を務める下薗誠さんが若年性認知症を発症した人とその家族との交流会を催せる場所を求めていた。ざっくばらんに話せる場をと立ち飲み店を探していたが、会の趣旨を説明するとどこの店にも断られた。そうやって数十軒の店をまわった後、下薗さんが常連だった「こばやし」に話を持ちかけると、「ここはどなたさんでも来ていい店やで」と二つ返事で受け入れてくれた。以来、この店で交流会が何度も催され、いつしか若年性認知症の人やその家族に「聖地」と呼ばれるようになった。この板は感謝の気持ちを込めて店に贈られたものだという。

そんなエピソードにもあらわれているとおり、この店には誰であろうと分け隔てなく受け入れてくれるような居心地のよさがある。あるとき、店の常連さんに聞いたところによると、ここでは常連になればなるほど地位が下がるんだという。一見《いちげん》さんや女性客など、こういった店に入りにくい人にこそ心遣いをし、常連さんは放っておかれる。「俺なんかお母さんに怒られてばっかりやもんなぁ」と語る常連さんの顔は、しかしとても嬉《うれ》しそうだった。

たいていの店では逆だろう。常連客こそが大事にされ、一見さんよりいい扱いを受けるのが普通だ。ここではそれが反転していて、だからこそ肩ひじ張らない気楽なムードが生まれるのだ。

店の中で大阪市廃止を問う住民投票の賛成派の人と反対派の人とが議論を交わしているのに遭遇したことがある。主張が異なる者同士の言い合いなのだが、熱気にあふれてはいるものの、相手の主張に耳を傾けて最後は「まあ、飲もう」と歩み寄る雰囲気があり、お互いがいがみ合わず、そっぽを向くでもなく、こんなふうに話せるのはなんと素晴らしいことだろうかと感動した。それもこれもきっと、コの字カウンターの中にいるお店の方々の優しい雰囲気が波紋のように周りに波及していくからではないかと思った。

「でも仕方ない。いつかは終わるんやから」

最終日の夕方になると店には長年の常連さんたちの姿が多くなり、店の壁にずっとかかっていたメニュー表のオークションが始まったりと賑やかに。

「粕汁《かすじる》終わりましたー！」「おでん売り切れましたー！」の声にいちいち拍手が起こる。刻一刻と「こばやし」の最後の時間が過ぎていく。残りあと数時間となったところで、普段は音楽活動をしているという長女の登美さんとその旦那さんが鍵盤ハーモニカとベースを手に演奏を始めた。温かみある音色で数曲が演奏された後、アンコールの声にこたえてBen E. Kingの名曲『スタンド・バイ・ミー』が演奏される。〈ずっとそばにいて〉と繰り返す歌詞の内容に涙腺を刺激され、私は涙をこらえることができなかった。しんみりとしたムードが流れ、一瞬静かになった店内に洟《はな》をすする音が聞こえる中、それを切り裂くように「ほな、どて焼きちょうだい！」と注文する常連さんがいて、店内が笑いに包まれた。寂しいムードも平然とユーモアで乗り越えていく大阪らしさを目の当たりにした瞬間だった。

ついに営業終了の時間が近づき、静江さんが娘さんたちに御礼の言葉を述べる。「二人の娘が手伝ってくれてやっとここまで来れました。ありがとう」と。そこに客席から「お父さんにもひと言！」の声。「お父さんは全然役に立たなかった。いつも私の足を引っ張ってばっかりで」と、そんな静江さんの言葉で店内にまた笑い声が響く。

静江さんはもともと東京の出身なのだという。新宿の紀伊國屋書店で働いていたのだが、あるとき、大阪梅田にある同書店への転勤が決まった。その1年後に夫の良亮さんと出会ったのが「すべての間違いのもとだった」と笑う。店がそれほど混み合っていないタイミングを見計らって、静江さんにお話を伺ったことがある。

——東京から大阪に来られて、すぐ慣れましたか？

転勤してきたばっかりのころに職場の若い方があちこち連れ回してくれて、それでだいぶ慣れました。そのころは新世界あたりも物騒だったから「女一人で歩いたらダメやで」って教えてもらったりね（笑）。

――大阪はお好きですか？

好きとはちょっと違う（笑）。でも、今はもう向こうより長くなってるから、東京に行ったら町が変わってるから道もわからないし。やっぱり大阪が自分の居場所ですね。好きも嫌いもなく、ここしかないの。

――この西九条のあたりの風景は変わりましたか？

昔は桜島の方に大きな工場があって、工場帰りの人がどんどん来てくれたから、この店もいっぱいだったんです。カウンターの周りに二重、三重になるぐらいでね。工場がなくなってだんだんそういうお客さんもいなくなって、ユニバーサルができて。それからはガラガラのときも多かったけど、年寄り二人でやるならこれぐらいでちょうどいいかって。これからはどうなっていくんでしょうね。この高架下にも新しいお店が入って綺麗になると思いますよ。それを見たら少し寂しいと思うのかもしれないですね。

店の壁にずっとかかっていたメニュー表が競りにかけられる（2020年10月撮影）

閉店に際して作られたポスターには客のメッセージが寄せられた。制作はこの店の常連であり、2025年開催予定の万博ロゴを制作したシマダタモツ氏（2020年10月撮影）

――40年間、いかがでしたか？

すごく楽しかったです。専業主婦で普通に家にいたら絶対に会うことのない人たちにたくさん会えましたし、そういう人たちと喋《しゃべ》らせてもらった。お客さんには恵まれましたよ。揉《も》め事《ごと》なんか一回もなかったし、お客さん同士が勝手に仲良くなってくれるからこっちが楽なの（笑）。とにかくお客さんに助けられてね。でも特に感謝の言葉は言わないで終わろうと思ってますけどね（笑）。

――みんな悲しまれるんじゃないですか？

そうですねぇ、でも仕方ない。いつかは終わるんやから。きっとまたどこかに別の場所ができるでしょう。ここは高架下でバカ騒ぎしても文句を言われないから、そういう場所はなかなかないかもしれないですけどね。

いよいよお別れのときがやってきた。外されたのれんが店内にしまわれ、客は店の外へ出る。もうこの空間で酒を飲むことはできないのだと思うと不思議な気持ちになった。静江さんが深々と頭を下げ、ゆっくりとシャッターがおりていく。

「こばやし」ののれんがその役目を終える（2020年10月撮影）

最後の営業を終えた「こばやし」（2020年10月撮影）

この店の大の常連で、『酩酊・大阪八十八カ所』という著書や自身の記事で幾度となく「こばやし」を紹介してきた毎日新聞の記者・松井宏員《ひろかず》さんも「お母さん、ありがとう」と涙をぬぐっている。

大阪中の立ち飲み店をめぐってきた松井さんに「『こばやし』の魅力はどこにあるんでしょう」とたずねたことがある。すると松井さんは「それが見つからんねん!」と歯を見せて笑った。「でも、ここに来る客はみんないいやつやねん。こんな場所はないよ」と言う。

「こばやし」はその歴史に幕をおろすが、次女の典子さんが2021年の春、東住吉区・長居に惣菜《そうざい》店をオープンするそうだ。静江さんも手伝うつもりだそうで、そこでは変わらず元気なお姿を見ることができるだろう。

いつか工事が終わり、見違えるように綺麗になった高架下の前を通りかかるとき、私はここで飲み交わし、笑っていた人たちがいたことをどんなふうに思い出すだろうか。

第5章

コロナ禍の道頓堀界隈を歩く

道頓堀商店会が掲げる「がんばれミナミ がんばれ大阪!!」ののぼり（2020年12月撮影）

２０２０年11月以降、全国的に新型コロナウイルスの感染者増加に歯止めがかからず、特に重症とされる患者数が急増していた。重症患者用の病床の使用率は大阪が全国トップで、府内全体で用意された病床の約６割がすでに使用されている状況だ。これを受け、大阪府は12月３日に感染状況を示す独自基準「大阪モデル」に照らし合わせて非常事態を示す「赤信号」を点灯させることを発表。12月４日から15日までの期間、不要不急の外出を控えるよう呼びかけた。

また、11月27日からは〝キタ〟エリアのある大阪市北区、〝ミナミ〟エリアのある中央区で酒類を提供する飲食店などに対して営業時間を21時までとする、いわゆる「時短営業」が要請されていたのだが、これも当初に定められた期限が延長されることが決まった。

これまでテレビのニュース番組やワイドショーでは、吉村洋文知事の行動力を評価する報道が多く見受けられた印象だったが、12月以降は「どうして大阪はこうなってしまったのか？」と、府の対応を失策として扱うような報道が増えてきた。10月末まで住民投票に総力をあげていた大阪府・大阪市の対応の問題点が批判されるのは仕方ないことだとして、最前線でそのあおりを食っているのはその大阪で暮らす人々だろう。特に飲食店は度重《たび》なる状況の変化に翻弄されてかなり疲弊しているのではないだろうか。

こんなに地面が広く見えたのは初めてだ

外出自粛が呼びかけられる数日前の平日の午後、久々にミナミの町を歩いてみることにした。道頓堀近辺はかなり閑散としている。10月末のハロウィンの際はすごい人出だったというから、取材時が平日の昼間であるということも影響しているのだろうが、それにしても静かだ。

大阪随一の記念撮影スポットとして有名なグリコ看板からもほど近い道頓堀通りは、以前であれば真《ま》っ直《す》ぐに歩くのが困難なほどに賑わっている通りだった。人気のたこ焼き店が立ち並び、「かに道楽」の本店があり、ド派手な龍の立体看板が目印の「金龍ラーメン」があり、国内外からの観光客が多く訪れ、いつも活気にあふれていた。

東京で育った私が高校の修学旅行で歩いたのもこの通りだったし、以来、大阪に観光に来るたびにとりあえずここへやってきては、その喧騒に「おお、これが大阪か！」と思わされたものだ。

どこも繁盛して並ばずには買えなかったたこ焼き店の前に、しかし今、行列はない。インスペースのある店舗にも客の姿はほとんどない様子だった。

シャッターをおろしている店舗も多く、とりわけ目立ったのは大型ドラッグストアチェーンの閉店だ。つい昨年までは主に中国からの観光客によって店頭の商品が大量に売れ、「爆買い」と称されるほどだった通り沿いのドラッグストアが撤退を余儀なくされているところに、新型コロナウイルスの影響が生々しく現れている。取材に同行してくれた大阪生まれ大阪育ちの知人いわく、道頓堀周辺は昔から観光客向けの町という印象で、地元の人である知人が歩くことはあまりなかったそうだが、とにかくいつも賑わっていたエリアゆえに「こんなに地面が広く見えたのは初めてだ」と驚いたようだった。

串カツ、たこ焼き、お好み焼きなどなど、いかにも大阪らしいメニューを看板に掲げた飲食店のひしめく「千日前《せんにちまえ》商店街」も、以前の喧騒が嘘のようである。

人影もまばらな道頓堀通り（2020年12月撮影）

こんなに静かな千日前商店街は初めて見た（2020年12月撮影）

老舗酒店が見つめる町の変遷

千日前通りの大きな道路を渡って「難波センター街商店街」までやってきた。大型家電量販店・ビックカメラや敷地の大きなパチンコ店と小さな個人商店とが入り混じるように存在するエリアだ。織田作之助が愛したカレーで有名な「自由軒難波本店」があるのもこの商店街。

この通りにあって一際強い存在感を見せているのが「シバチョウ酒店」である。創業150年以上になるという老舗の酒屋で、角打ちスタイルで店内でお酒を飲むことができる。冷えたチューハイで喉の渇きを潤しつつ、店主の田中弥助さんにお話を伺った。弥助さんはこの店の6代目店主。まだ30代半ばとお若いが、朗らかな人柄と丁寧な接客とでだいぶ年上の常連客にも愛されている。

生まれも育ちもこの場所だという弥助さん。店の裏手にかつてあった精華小学校に通っていたが、都心部ゆえのドーナツ化現象によって同校の児童の数は減少していった。最終的には全学年の生徒をあわせて60人ほどの少人数となり、弥助さんが低学年のころ、近隣

気さくにお話を聞かせてくれた田中弥助さん（2020年12月撮影）

「エディオンなんば本店」の一隅には「精華小学校メモリアルルーム」という展示室があり、在りし日の校舎の写真が飾られている（2020年12月撮影）

の南小学校と統合されることになる。精華小学校は1873年に開校し、弥助さんが通っていた校舎は地元の有志による出資で1929年に竣工《しゅんこう》した鉄筋コンクリート造りの立派なものだったそうだ。精華小学校の跡地には大型家電量販店「エディオンなんば本店」のビルが建っている。

「やはりこのあたりは勤めに来るところ、商売をする町なんでしょうね」と弥助さんは言う。新しく転入した南小学校への通学路は繁華な「心斎橋筋商店街」だったというからすごい。前夜から明るくなるまで飲んで泥酔しているらしき大人たちを横目に、ランドセルを背負って歩いていたという。

子どものころからずっと見てきた町だから、その変化の目まぐるしさにはすっかり慣れている。このシバチョウの向かいの店舗ひとつとっても、パチンコ店だった時代もあれば大型の100円ショップだったころもあり、それがファストフードチェーンの「バーガーキング」に、と変遷しており、店から見える景色はどんどん変わっていった。

「うちの斜め向かいの建物のドアが鏡みたいになっていて、少年野球をやっているときにそこでフォームを確認しながら素振りをしてたんです。今の時代、ここで金属バット振っ

1952年創業の老舗手芸洋品店「とらや」は2020年12月20日で閉店（2020年12月撮影）

てたら通報されると思いますわ」と笑う弥助さんにとって、この近辺は「面白いけど、商売するには大変な町」という印象だそう。大きな店舗が新しくできては人の流れがガラッと変わる。それによって活気が生まれることもあるが、それまで積み上げられてきたものが簡単に失われてしまうあっけなさとも隣り合わせだ。

　この店の隣には手芸用品店「とらや」の大きな店舗があるが、その「とらや」は12月20日をもって閉店することが決まっていた。近年の業績が低迷していたことも閉店の要因だが、新型コロナウイルスの影響も大きかったという。海外観光客からの売り上げが見込めなくなったことに加え、コスプレファンの需要にも支えられていたのに、肝心のコスプレイベントが軒並み中止となったことも響いた。

「寂しいです。店の場所を説明するときに『とらやさんの隣です』ゆうたらほぼ通じていたんですけどね」と嘆く弥助さんは、どんどん変わっていく町並みの中で、マイペースにのんびりとこの商売を続けていきたいと考えている。「まわりが変わっていくのにここだけは取り残されたまんまです。変化に追いつけないんですよ」と謙遜するが、代々受け継がれてきたものに敬意を払い、それを背負っていこうとする気概を感じた。

店内で酒を提供するスタイルは以前からのものだが、弥助さんが店に立つようになってからは日本酒、ワイン、焼酎の銘柄を大幅に増やし、質のいい酒を気軽な価格で味わえる店にしようと努力しているという。

新型コロナウイルスの影響で周辺の人通りは減っているが、もともと一人か二人の少人数の客が多く、それぞれの滞在時間も短いこの店は、それほど大きな影響を受けずに済んでいるという。とはいえ、今まで仕事帰りに毎日のように姿を見せていた常連客が在宅のテレワークに切り替わってほとんど顔を出さなくなったりと、変化は少なくないそう。

夕暮れ時の黒門市場（2020年12月撮影）

「うちはまだこれで済んでますけど、道頓堀通りや黒門市場はインバウンドの方が多かったので大変やと思います。昔からのお店が夜逃げするように出て行かれたと聞いたりすると、なんともねえ……。とにかく平常に戻って欲しいと思います。大阪でも一番賑やかだったところがむしろ一番静かになってしまいましたから」という弥助さんの言葉を聞き、黒門市場へも足を延ばすことにした。

ミナミが大阪全体の痛手を引き受けている

いつも海外からの観光客でごった返していた黒門市場も、ひっそりと静かだった。

下ろしたシャッターに閉店を告げる貼り紙があるのもちらほらと目に入る。店じまい間際の惣菜店で夕飯のおかずを買い、和菓子店でお団子を購入。これではお店にとって少しの足しにもならないが、今はこうやって地元の人間が少しでも買い物をするべきときなのだろう。

帰り道、同行の知人が「ミナミのコテコテの大阪の感じは個人的にはそんなに好きではなかったけど、道頓堀みたいにわかりやすい場所があるから観光客が集まる。今はミナミが大阪全体の痛手を引き受けているように思える」と言っていたのが印象に残った。

道頓堀も黒門市場も国内外の観光客向けに大きく比重を移し、町を変化させていったエリアだ。この現状を観光客に頼り過ぎた結果だと批判する声もあるが、単にお金の流れだけでなく、大阪全体がこのエリアから受けている恩恵は少なくないはずだ。ここから立ち直っていくのに一体どれぐらいの時間が必要なのだろうか、とぼーっと考えながら、駅までの道を歩いた。

第6章

屋台も人も消えた、
今宮戎神社の「十日戎」

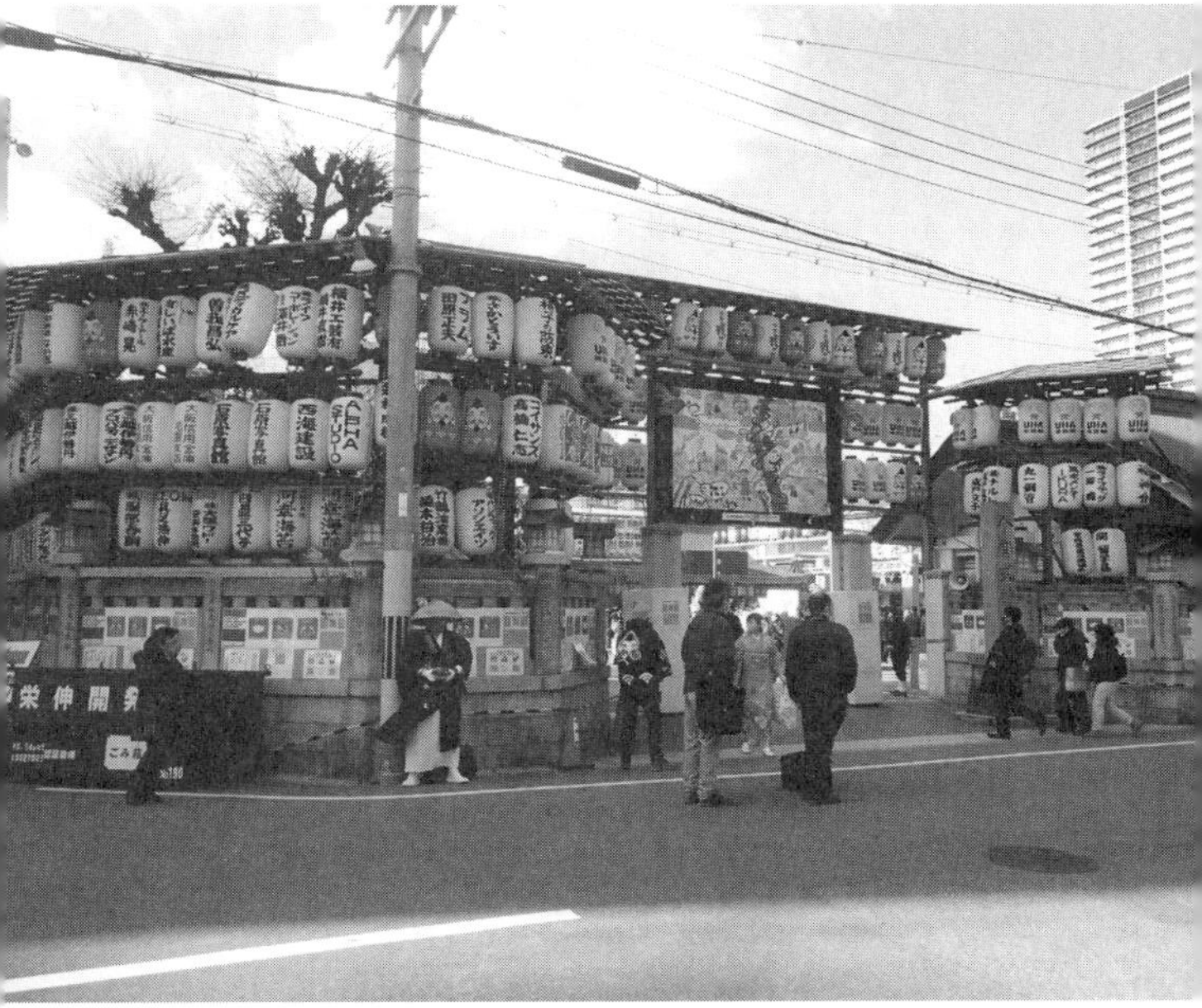

大阪市浪速区にある今宮戎神社。創建は西暦600年と伝えられる（2021年1月撮影）

大阪の年始の楽しみといえば「十日戎《とおかえびす》（十日えびす）」だ。毎年1月10日に開かれるお祭りで、七福神の恵比寿天を祀って商売繁盛を祈願するもの。1月10日が「本戎《ほんえびす》」で、9日の「宵戎《よいえびす》」、11日の「残り福」と前後1日も含めた計3日間にわたって行われる。「十日戎」は西日本を中心に広まった祭礼で、大阪府大阪市浪速《なにわ》区の今宮戎《いまみやえびす》神社、兵庫県西宮市の西宮神社、京都府京都市の京都ゑびす神社の三つの神社で開催されるものが特に規模が大きく、「日本三大えびす」と称されることがある。

大阪府内には、大阪市北区の堀川戎神社、東大阪市の布施戎神社など「十日戎」が開かれる神社が点在するが、祭礼としては一番の規模を誇るのが今宮戎神社である。今宮戎神社は難波をはじめとした〝ミナミ〟エリアに近く、周囲は古くから商業の町として発展してきた。今宮戎神社は時代が進むにつれ商売繁盛にご利益のある神社として信奉されるようになり、特に江戸時代以降、「十日戎」のお祭りが大阪の庶民たちにとって毎年の恒例行事として認知されるようになっていったという。

大阪で「十日戎」と言えばこの今宮戎神社で行われるものを指すことが多く、神社の名より「今宮戎」とだけ言うことも多々ある。しかし「十日戎」「今宮戎」よりもっとポピュラーな呼び名は「えびすさん」から転じた「えべっさん」だ。

大阪で「えべっさん行ってきたわ」と言えば、ほとんどの場合「今宮戎神社の『十日戎』に行ってきました」と解釈していいという感じである。その「えべっさん」がいかに大阪の人々に親しまれているかは、その響きに引っかけた「大阪エヴェッサ」という名のプロバスケットボールチームがあることからもわかるというもの。

大阪に引っ越してくる前、東京に住んでいたころの私は毎年11月の「酉《とり》の日」にあちこちの神社で行われる「酉の市」によく足を運んでいた。「酉の市」もまた江戸時代から庶民の祭礼として活況を帯びる恒例行事で、中でも規模の大きい浅草の鷲《おおとり》神社や新宿の花園神社が有名だ。境内には竹の熊手に色とりどりの飾りをつけたもの（「縁起熊手」と呼ばれ、「福をかき取る」ご利益があるとされる）を売る出店が並び、その華やかな色彩の中を練り歩くのが好きだった。

境内にも外にも屋台がずらっと並び、足の踏み場もないほど大勢の人がひしめき、自分もその群衆の一人となってゆっくりと進んでいく。屋台で酒やつまみを買いながら歩いていると、「今年ももうすぐ終わるんだな」と年の瀬を感じるのだった。

大阪で暮らすようになって初めて、「酉の市」が関東地方を中心とした祭礼だったと知った。「大阪には酉の市がないんだ……」と、なんとも言えない寂しさを感じていた私に「それ、えべっさんに似てるな」と友人が教えてくれたのが「十日戎」で、実際に行ってみると本当に雰囲気がよく似ている。

どちらも商売繁盛を祈るものだし、華やかな雰囲気に包まれた神社の周囲を歩いているだけで「今年も（あるいは来年も）いい一年になりそうだ！」と、根拠はなくとも縁起のいい気持ちになる。無数の屋台が立ち並び、それをひやかして回るだけで楽しいのだ。


しかし、当然のことだが、2021年のコロナ禍で開かれた今宮戎神社の「十日戎」は、例年とはあらゆる面で異なっていた。

今宮戎神社の公式サイト上では「十日戎」への参拝を極力控えるよう呼びかけられ、「神楽《かぐら》奉納」「宝恵駕《ほえかご》行列」といった華やかな儀式が中止になること、周辺での屋台の出店がなくなる旨などが示された。

新型コロナウイルスの感染拡大が一気に勢いを増して、1月7日には東京都、埼玉県、千葉県、神奈川県を対象に2度目の緊急事態宣言が出され、大阪府、兵庫県、京都府などにも緊急事態宣言が発令される見込みとなっていた状況である。いくら毎年恒例の祭礼とはいえ、規模を大幅に縮小するというのもやむを得ない判断だろう。

「十日戎」は一体どんな様子になっているだろうか。それを自分の目で確かめたいと思い、可能な限り対策をしつつ取材に出かけることにした。

ビニールシート越しの福むすめ（マスク着用）

JR新今宮駅から今宮戎神社を目指して歩いていくと、まず驚いたのは通行人の少なさである。例年であれば駅を降りるとすぐに神社へと向かう人の流れが見えてきたものだが、今年は打って変わって閑散としている。

国道165号線の「戎神社前」という交差点から神社方面を眺めると、いつもはたくさんの屋台や神社へ向かう人波が見えたものだが、屋台がちらほらとしか出ていない。

路上に出店することができないため、苦肉の策で空き地に引っ込むようにしていくつか

建設現場の隙間の空き地に数軒だけ屋台が出ていた（2021年1月撮影）

の屋台が営業しているだけだ。

いつもは屋台が延々と並んでいる阪神高速の高架下も、屋台の数はほぼゼロに近かった。

南海本線の今宮戎駅前も、屋台が並んで活気のあるエリアだったが、同様に屋台が一切なく静かだった。

このような状況でも、今宮戎神社の境内に入ると祭りの華やかさがあった。マスクを必ず着用すること、会話は必要最低限にすること、祈禱《きとう》の受付時間が短縮されることなどが繰り返し自動音声でアナウンスされていて、例年より静かな境内ではあったが、賽銭を投げて手を合わせる人、「福笹《ふくざさ》」

かつての「十日戎」。例年であれば高架下にはさまざまな屋台が出ていたのだが（2018年1月撮影）

屋台は出ておらず、ガラーンとした道に警察官が立つ（2021年1月撮影）

を手にして歩く人の姿はいつものままだ。

「十日戎」の縁起物といえば「福笹」である。境内には「福笹授与所」が数カ所設けられていて、ここで参拝客が笹を受け取る。この笹は無料で、授与係が次々に差し出す笹を、希望者が順に受け取っていくスタイルだ。笹は孟宗竹《もうそうちく》から取ったもので、竹が力強く伸びる様から、古くから縁起物とされているそうだ。

そして受け取った笹に「吉兆」と呼ばれる飾りを付けることで「福笹」が完成するという仕組みなのだが、この吉兆を飾り付ける方法が独特である。境内には吉兆の授与所がたくさんあり、たいていの場合、その授与所には「福むすめ」と呼ばれる女性が座っている。

参拝客は福むすめたちに希望する吉兆を飾り付けてもらい、その数に応じた金額を収めることになる。吉兆には、米俵をかたどった「福俵」、鯛《たい》の形をした「福鯛」、小判や千両箱をかたどったもの、お守りや絵馬などいろいろな種類がある。

福むすめとやり取りしながら、予算や好みに合わせて自分なりの福笹を仕上げていく。

ちなみに今宮戎神社の福むすめは毎年公募で約50人が選ばれるのが通例で、2000人以上の応募者の中から書類審査や面接を経て選考されるのだという。大阪府内の大学に通う

数は少ないながらも参拝客の姿が見えた今宮戎神社の境内（2021年1月撮影）

ビニールシートの向こうで笹を飾り付ける福むすめ（2021年1月撮影）

女子大生がほとんどで、いわゆる「ミスコン」的な要素が大きい。福むすめ出身でその後アナウンサーになったという人も多く、ある種の登竜門のようでもあるらしいのだ。「十日戎」の境内には高価そうなカメラを構えた男性が何人も、福むすめたちをさまざまな角度から撮影していたりする。

コロナ禍の今年、福むすめの前にはビニールシートが張られ、みな紫色のマスクをしている。「顔が全然見えへんわぁ」とカメラを構えながらぼやく男性もいた。

私も笹に飾り付けをしてもらうことにした。吉兆がどれぐらいの金額なのかわからず、とりあえず二つ飾り付けてもらったところ、「3000円のお納めになります」とのこと。一つ1500円というのが相場のようだ。

私の笹は周りの人のものと比べるとだいぶ寂しく、見ていると5点から7点ぐらいの吉兆を付けてもらう場合が多いようであった。

笹を持って境内を後にする。ほんの少しだけ出ている屋台に立ち寄り、豚汁で冷えた体を温めた。

お店の方に聞けば、「人は全然おらんね。いつもの10%ぐらいいちゃうか」とのこと。「道に出たらあかんから、潰れた家の敷地とか駐車場を借りて（屋台を）出すしかないねん。いうてもそんな場所たくさんはないからな」と言っていた。

毎年神社の周辺に屋台を出していた人たちはどう過ごしているんだろう。きっと一年のうちでも大きな収入源だったはずだ。決まった土地に店舗を持って商売する人と違って十分な補償がなされるのかも心配なところである。

「いつもと違うなんていうもんちゃいますね」

あらゆる面で様変わりしてしまった「十日戎」について近隣の方のお話も聞きたいと思い、今宮戎神社の近くに店を構える大衆居酒屋「ちとも」を訪ねることにした。

「ちとも」には以前、雑誌の取材でお邪魔したこともあり、久々の訪問だった。店主の千《ち》知弘《ともひろし》さんは今年の「十日戎」の様子について「いつもと違うなんていうもんちゃいますね。これまでなら境内に入るのにも入場制限がかかってましたからね。それが今年は全然人がいませんね。神社もテキヤもこの3日間で1年分稼ぐゆうのにねぇ」と語る。

――今年は屋台も全然出てないんで驚きました。

何にもないでしょ！　一切出さないゆうことでみんなで足並みを揃《そろ》えたみたいですね。せやから、うちも本当は今日は定休日なんですけど、えべっさんの雰囲気を味わって一杯飲んで帰りたいゆう常連さんのためにあけてるんです。

――それが楽しみで来ている人が多そうですもんね。

やっぱりどこかで休憩して帰りたいんでしょうねぇ。

――「ちとも」さんはコロナの影響は大きかったですか？

めちゃくちゃ影響受けてます。今も時短営業で21時までで閉めなあかんでしょう。17時にあけて、最初のお客さんがだいたい21時までで帰らはって、いつもならその後にお客さんが来るんですけど、その2回転目がないわけです。

――なるほど。1回転目のお客さんで終わってしまうわけですね。

それでも21時までやったらまだマシですね。それまで来てくれるお客さんがいるんですけど、これが20時までになるともう無理でね。4月に1回、20時までしか営業できへんときがあったでしょ。あのとき、ほんまにお客さんゼロっていう日がちょこちょこあったん

「ちとも」店主の千知弘さん（2021年1月撮影）

ですよ。

――仕事が終わってお店に寄るというのがもう難しい時間帯ですよね。

そうです。じゃあその分早くあけるかゆうて、15時から店あけてたときもあったんですけど、そんな時間に来ることないんですわ（笑）。せやからまた今度、緊急事態宣言が出るゆうて、また大変ですわ。

――補償がないと厳しいですよね。

テレビ見てたらね、緊急事態宣言でももうしゃあないから無視して営業するゆう焼鳥屋さんが出てたんですけど、お店の人が高齢らしくて、今から融資受けても今後返せる見込みがないと。あれも本当に辛《つら》いでしょうね。またあれでしょ、給付金の申請なんかも今全部インターネットでしょ。高齢の方はできへんのですよ。それで社労士さんにお願いすると何万円ゆう手数料もかかりますし。

千知さんは店内に置かれたテレビをずっと見ているそうで、それで新型コロナウイルスを取り巻く状況にも相当詳しい様子だった。「来年はどうなってるでしょうねぇ。ワクチンもあれねぇ……」とその後もいろいろ教えていただき、「落ち着いたらまた来ます」と店を出た。

「十日戎」に例年の賑わいが戻る時が来るだろうか。立ち並ぶ屋台と人波が無性に恋しくなる。

第7章

夢の跡地「花博記念公園」の今

大阪市の北東部にある「花博記念公園鶴見緑地」（2021年2月撮影）

先日、ある取材で花博記念公園を訪れた。正式には「花博記念公園鶴見緑地」という名のこの公園は、大阪市鶴見区と守口市にまたがり、約120ヘクタールという、大阪府内でも有数の広さを持つ。「花博記念公園」という名を冠することからもわかるとおり、1990年4月1日から9月30日の183日間にわたって開催された「国際花と緑の博覧会」の会場だった場所である。

国際花と緑の博覧会は、国際園芸家協会（AIPH）という国際団体が認定する〝国際園芸博覧会〟の一つで、同じく国際団体である博覧会国際事務局（BIE）が定める〝特別博〟でもある。ちなみに、1970年に開催された大阪万博（日本万国博覧会）は〝一般博〟とされ、〝特別博〟よりも高い位置づけになっている（現在は、認定博、登録博という区分に変更）。区分がちょっとややこしいところなのだが、〝一般博〟よりも小規模ではあるが国際的な博覧会の一つとして開催されたのが、国際花と緑の博覧会なのである。

「自然と人間との共生」をテーマに掲げたこの博覧会の会場として選ばれたのが大阪市の中心部からも近くて敷地も広大な「鶴見緑地」だった。鶴見緑地は豊中市の服部《はっとり》緑地、八《や》尾《お》市の久宝寺《きゅうほうじ》緑地、堺《さかい》市の大泉《おおいずみ》緑地と並ぶ「大阪四大緑地」の一つとして1940年代から都市計画の中に組み入れられていた土地で、戦時中は高射砲の陣地としても使用されていたという。もとはほとんどが水田で、蓮《はす》も栽培されていたところを、1960年代の終わりから70年代初頭にかけて整備し、市民の憩いの場として認知されるようになった（ちなみに花博記念公園という名は博覧会の終了後につけられたもので、もともとの名である鶴見緑地と呼ぶ人の方が多い）。

1985年、大阪府がこの地で博覧会を開催することが正式に決定され、5年の月日をかけて準備が進められていった。1988年には会場への交通手段として「長堀鶴見緑地線」という地下鉄路線の開業が決まり、博覧会開催直前の1990年3月に開業。日本初のリニア地下鉄として鳴り物入りで運転を開始した。地下鉄路線を新設するほど大規模な催しとして、力を注がれていたのだ。

博覧会がスタートすると、バブル経済による好景気も後押しして来場者数は予想を大きく上回り、183日間の会期全体で2000万人を目標としていたところ、最終的には、

2312万人を超えることになった。来場者数だけでその価値を測れるものではないが、イベントとしては成功を収めたと言えるだろう。

と、これらの情報は後になって調べて知ったこと。花博記念公園を訪れた私は「そういえば昔そんな博覧会があった気がするな……」と思った程度で、それがどのようなものなのかもはっきりとはイメージできなかった。1990年当時、私は東京に住んでおり、11歳だった。テレビのニュース番組などではきっと連日のように報道されていたのだろうが、そのころの私は「花と緑」というワードにあまり刺激を感じなかったのか、その盛り上がりも意識の外という感じだったのだと思う。

廃墟めいた庭園、閉鎖された「いのちの塔」

広い園内を歩いていると、「山のエリア」と名づけられたゾーンに世界各国の様式をモチーフに作られたらしき庭園がいくつもあるのが目に入ってきた。庭園の前には「スペイン」「ベルギー王国」「イラン」などと国名を示したプレートが立っていて、特にそれ以外

イランをテーマにした庭園（2021年1月撮影）

の説明はないが、それが博覧会当時の遺構であることがわかった。

最低限の手入れはされているのだろうが、なにせ30年以上前に作られたものである。建物などは老朽化が進み、どこか廃墟めいた雰囲気すら感じる。

時の流れを感じる風景に寂しさを覚えつつ歩いていると、遠くでトランペットを練習しているらしい音色が聞こえてきた。それがよりにもよって『天空の城ラピュタ』の挿入歌の『君をのせて』という曲のメロディで、映画の中に登場する捨て去られた天空の文明と目の前の風景がマッチし過ぎて鳥肌が立った。

博覧会のシンボルタワーとして残された「いのちの塔」も老朽化が進む（2021年１月撮影）

私が訪れたのが平日の昼間だったこともあってか、園内には人影もまばらで、売店らしき建物もシャッターをおろしていた。また、園の中央に位置する池のほとりに建つ「レストハウスつるみ」には２０２０年11月末で閉店した旨を告げる貼り紙が。

公園のあちこちから見え、シンボル的な存在になっていると思われるタワー「いのちの塔」まで歩いてみるも、こちらも入口が閉ざされている。上階に展望台があるように見えたので「今日はたまたま休館日なのかな」と思ってスマートフォンで検索してみると、私が知らなかったただけで、塔は2010年にすでに閉鎖されていたのだった。
吹田《すいた》市にある万博記念公園のシンボルとして今なお愛されている「太陽の塔」と対照的な「いのちの塔」の寂しい姿を眺めていると、改めて「国際花と緑の博覧会」の開催当時の様子が気になってくる。後日、フリマアプリやオークションサイトなどを使って博覧会開催当時の資料を何点か買い集めてみることに。

当時の資料と映像を見てみると……

イベントに関連する書籍なのだから当然だが、どのページを開いても、いかにこの博覧会が意義深く、夢と希望に満ちあふれ、国をあげての大事業として開催されたものかということが高らかに謳い上げられている。たとえば『EXPO'90 国際花と緑の博覧会公式ガイドブック』（国際花と緑の博覧会協会）の冒頭の文章はこうだ。

ゲートをくぐればそこはもう、花と緑と人が集うファンタスティック・ワールド。
「いのち」と「こころ」が咲き競い、地球の未来をはなやかに歌っている。（中略）

1990年の「国際花と緑の博覧会」開催前後に出版されたガイドブックや写真集

183日間、美しく変わっていく自然の不思議のなかで、人はどんな夢をみるだろう。

『EXPO'90 国際花と緑の博覧会記録写真集』(開隆堂出版)では、会場全体が〝どこへ行っても花と緑に抱かれたこの世のパラダイス〟と表現され、『遊べるおもしろ花の万博』(日本ヴォーグ社)では、私が歩いた「山のエリア」を〝世界各国の庭園めぐり、いま新鮮な感動を実感〟というキャッチフレーズをつけて紹介している。勢いのある時代のイケイケな様子が伝わってきて、今さらながら会場の賑わいを体験してみたくなる。

　私が当時の様子を知りたがっていると伝えると、開催時の模様を記録した『公式記録映画　花の万博』（ジェネオン　エンタテインメント）というＤＶＤを持っている友人がその映像を見せてくれた。

　60分間の映像には、華やかな庭園だけでなく、政府や国内企業のパビリオンの模様、「町のエリア」と「山のエリア」を結んでいたロープウェイや、「山のエリア」内に敷かれたレールを走るＳＬが子どもたちで満員になっている様子などが映っていた。「マジカル・クロス」と名づけられた遊園地エリアをジェットコースターが走り、当時は「いのちの海」と呼ばれていた池のまわりで壮大なショーが上演され、背後に花火が上がる模様も収められている。当時の自分がここに来ていたらきっとはしゃぎまわっただろう。それらの資料を見れば見るほど、一大テーマパークのようなこの場所が、自分が見てきたのと同じ場所に確かに存在していたということが幻のように思えてくる。

あの「フォトカプセル」は今どうなっているのか

改めて、今度は週末に花博記念公園に行ってみることにした。天気のいい土曜日ということもあって、園内は多くの人で賑わっていた。

前回訪れたときは休館日だった植物園「咲くやこの花館」も営業しており、博覧会の目玉だった「ラフレシア」の標本、1990年から生き続けている「キソウテンガイ」という砂漠の植物など、当時から変わらぬままのものもちらほらと存在した。

植物園の外に出て再び園内を歩く。博覧会の華やかさはすっかり消えてしまっても、今はまた違った形で親しまれている様子が伝わってくる。若い人々、高齢者たち、家族連れも一人で歩いている人もいて、さまざまな層の人々が好き好きにふるまえる場になっているようだ。公園の近くに住んでいる友人は「鶴見緑地はワニを散歩させてるおじさんがいたり、ハトを思いのままに操れるおじさんがいたり、面白い人がいっぱいいるから子どもと散歩していて楽しいんです」と言っていた。

いかに設備が古びようと、そんなことは関係なく、居心地のいい広場さえあれば人がそ

かつてパビリオンが建ち並んでいたエリアも今は広い芝生となっている
(2021年2月撮影)

こを行き交い、憩いの場が生まれるのかもしれない。

その花博記念公園鶴見緑地だが、実は今、大きな転機を迎えている。大阪市は、老朽化の進む施設が放置されているこの公園を改めて民間業者の手にゆだね、リニューアルを図ろうとしているのだ。指定管理者の選定はすでに終わっており、2021年4月から園内の施設が順次新しくなっていくという。閉店したレストハウスも建て替えられ、園内にカフェが建設されるとのこと。

民間企業の手にゆだねて活性化・収益化を図った前例としては、大阪城公園や天王寺公園の「てんしば」と呼ばれる芝生を囲んだスペースがある。何もない広場だった場所に子ども向けの屋内型の遊戯施設が作られたり、真新しい飲食店が立ち並ぶことによって新しい人の流れが生まれる一方、無料で過ごせる場所が減り、公園としての居心地のよさが失われることへの批判も多い。

博覧会のシンボルだった「いのちの塔」も撤去されることが決まっている。「いのちの塔」にはかつて「フォトカプセル」というサービスが用意されていた。塔を訪れた人が専用の端末で写真を撮影し、その写真とともに自由なメッセージを登録することができるというものだ。写真とメッセージを登録すると専用カードがもらえて、そのカードを使えばいつでも写真とメッセージを呼び出すことができるというのがウリだった。公式ガイドブックにはこのように書かれている。

登録されたメッセージと写真（またはイラストなど）は光ディスクに永久保存され、会員カード一枚で塔内のテレビモニター画面にいつでも呼び出すことができる。彼らが大きくなって「いのちの塔」へデート、恋人と1990年のメッセージを見ることがあるかもしれない。

塔が閉鎖され、じきに撤去されることが決まった今、永久保存されるはずだった写真とメッセージはどこへ行ったのだろう。調べてみると、園内にある「水の館ホール」の事務所に端末が移設され、そこで閲覧を受け付けているのだという。

歩き回って探してみると、関係者以外立ち入ることのなさそうな事務所の片隅にひっそりと「いのちの塔 会員フォトカプセル」と書かれた端末が残っていた。

本来であれば会員カードを持っていなければ閲覧はできないのだが、さすがに数十年前(写真とメッセージの登録は2010年までは受け付けていたらしい)のカードを保管している人は少なくて、生年月日と名前さえ証明できれば係員がデータベースを照会してくれるという。

端末には写真とメッセージをプリントアウトしてくれるサービスが備わっていたのだが、すでに印刷機能は故障しており、モニターに映し出された画像をスマートフォンで撮影し

「いのちの塔」に上ったことがある友人が提供してくれた画像。２台並んでいるのが「フォトカプセル」の端末だ（2010年３月撮影）

今は１台だけとなった「フォトカプセル」の端末（2021年２月撮影）

ていく人が多いのだとか。

花博記念公園鶴見緑地の風景はここ数年でどんどん変わっていくのだろう。新しい施設ができて、今とは違った賑わいが生まれるのかもしれない。そしてその賑わいもまたいつかは過去のものになる。30年前に「永久保存」と約束された思い出が園の片隅に追いやられてしまったように、人はきっと移り気なのだ。

第8章

船場の昔と「船場センタービル」

2020年に開業50周年を迎えた「船場センタービル」（2021年3月撮影）

「大阪フィルムアーカイブ計画」というプロジェクトがある。大阪市中央区にある「大阪歴史博物館」や、2022年2月に大阪市北区の中之島エリアに開館する「大阪中之島美術館」の準備室などいくつかの団体が協力して運営するプロジェクトで、大阪の風景を写し取った映像のアーカイブを目指そうというものだ。

このプロジェクトは、ホームビデオや自主制作の映画、学校で教育用に作られた映像や会社のPRムービーといった映像までも視野に入れてアーカイブしようとしている点が面白い。8ミリ、16ミリといった古いフィルム映像からDVと呼ばれるデジタル方式のものまで対象としているが、撮影機材や記録媒体は技術の進歩とともにここ数十年で劇的に変化しているため、過去の映像が現在では簡単に再生できないといった状況が生まれやすい。そうやって散逸していく映像の中に、実は今となっては貴重な大阪の風景が残されているのではないかという考えをきっかけに始められたものだという。

その「大阪フィルムアーカイブ計画」が広く一般に呼びかけて集めた映像のいくつかを上映するというので足を運んだ。戦後間もなく、空襲で焼け野原になった大阪の町を米軍の調査団が上空から撮影した映像や、1970年に開催された大阪万博の会場のパビリオンが会期の終了後に取り壊されていく映像、枚方市《ひらかた》に1950年代末に建設された団地に入居した一家の何気ない日常を8ミリカメラで写し取ったホームビデオなど、こういう機会でなければ目にすることがなかったであろう昔の大阪の姿を見ることができ、新鮮な驚きがあった。

上映された映像の中に、「映画〝中之島〟製作グループ」という、1972年に関西の若い映像作家たちが集まって結成した製作チームによる短編のドキュメンタリー映画があった。大阪歴史博物館のスタッフからの説明によると、そもそもこの映像製作チームが結成されたのには時代的な背景があるとのことだった。1971年、大阪市が中之島エリアの再開発計画を発表した。中之島は堂島川《どうじまがわ》と土佐堀川という二つの川に挟まれた中洲《なかす》で、古くは諸藩の蔵屋敷が建ち並び、次第にモダンなビルがそれにとってかわり、ビジネスの中心地となっていった。その中には明治・大正の建築技術の粋《すい》を集めた名建築も数多く、そういう建物が再開発によって失われるのをなんとか食い止めようと市民活動がさかんに行われた時期があったという。

「映画〝中之島〟製作グループ」もそのような流れの中で生まれたチームで、中之島の景観を美しい映像に残して広くPRしようという目的があったようだ。同グループは、1976年に『中之島』という作品を完成させた以降も、大阪の歴史を掘り下げる映像作品を数年おきに発表していった。上映会ではそうした作品のいくつかがスクリーンに映し出された。

その中の一つに「船場《せんば》」をテーマにした映像があった。船場とは大阪市中央区にある地域の呼び名で、土佐堀川、東横堀川《ひがしよこほりがわ》、現在は埋め立てられている西横堀川と長堀川という四つの川に囲まれた、南北に長い四角形の地帯を指す。南北に約2キロ、東西に約1キロがその範囲で、現在ではオフィスビルばかりのエリアというイメージが浮かぶ一帯だ。しかし、その映像を見るに、船場は豊臣秀吉が大坂城を築いた際に整備した城下町がもとになって発展した土地で、秀吉が大阪の堺や京都の伏見《ふしみ》から大勢の商人を移住させたことから大阪の商業の中心地となったと同時に、さまざまな土地の人が混じり合い、独自の文化がここから生まれていったという歴史を持つ地だということがわかる。

たとえば船場の商人たちは「船場言葉」と呼ばれる独特の言葉を使い、長らくそれが美しい大阪弁の規範とされてきたそうなのだが、その上品な言葉遣いは京都のみやこ言葉が商人たちによってもたらされたという説が有力であるようだ。また、船場の商人の間では質素倹約が美徳とされ、食事も簡素で、食材を少しも無駄にしないように料理には工夫が凝らされたという。そこには、「派手好きでおしゃべり」といった一般的な大阪のイメージとは違った空気が醸成されていたようなのだ。

ビルの谷間に残る昔の面影

昔の船場の姿を知った私は、じっくりと船場を歩いてみたくなった。前述の映像の監修も務めていた香村《かむら》菊雄氏の著書『定本　船場ものがたり』（創元社、１９８６年）を古書店で購入し、ガイドブックがわりに持参した。香村氏は１９０８年に船場の伏見町に生まれ、船場の変遷をその目で見てきたという人で、著作にはかつての周辺の町並みや生活の様子がつぶさに綴られている。

しかしそれにしても、現在の船場を歩いていると、目の前の風景と昔の町並みとのあまりのギャップに驚いてしまう。なんせ本の中に描かれているのは明治の末から大正、昭和のはじめの船場が中心だから、この風景の変わりようも仕方ないことかもしれないが、質素な生活を好む商人の屋敷が並んでいたというかつての町の姿を、ビルばかりの町並みに重ね合わせながら歩くのは難しい。

しかし、注意深く歩いていると、ところどころに昔の面影を残す建物が現存している。道修町《どしょうまち》に建つ旧小西家住宅は1903年に建てられた薬種商の商家で、国の重要文化財に指定されている。

同じ道修町には武田薬品工業の旧本社が置かれていた1928年築のビルもあり、付近にはモダンな建築が点在して、古いビルの愛好家にとっては観光スポットになっているそうだ。

道修町界隈《かいわい》は古くから薬品を扱う商家が集まっていたエリアで、田辺三菱製薬や塩野義《しおのぎ》製薬といった有名企業もここから生まれている。また、この地にある少彦名《すくなひこな》神社は薬の神様として有名で、1822(文政5)年、伝染病のコレラが日本までやってきた際、薬種仲間が丸薬を作り、張り子の虎と一緒に神前祈願して施与したと伝えられている。

境内のあちこちに「疫病退散」の文字が見え、まさに今、コロナ禍ゆえに改めて多くの

かつての船場にはこういった商家が建ち並んでいたのだろう（2021年３月撮影）

境内の売店では根付やお守りなどが販売されている（2021年３月撮影）

参拝客がここに訪れているという。私もお守りがわりに張り子の虎をかたどった根付を購入し、疫病の退散を祈った。

「船場センタービル」探索へ

京都・伏見からの商人が多く移り住んだことからその名がついた伏見町付近を散策した後、私は「船場センタービル」に向かった。「船場センタービル」は船場中央を東西に貫く商業施設で、その全長は約1キロもある。

香村氏の著作の中では「横に寝たエンパイヤ・ステート・ビル」と紹介されている船場センタービル。完成したのは1970年だ。万博開催に向けて大規模な都市開発が計画される過程で、大阪市の中心部を東西に走り抜ける幹線道路である中央大通が新設されることになった。しかし、その道路が貫く予定の船場エリアには小規模な繊維問屋がひしめいており、それらをすべて移転させようというのは困難な話だった。そこで、道路を高い位置に通してその下に長大な商業施設を作り、繊維問屋をその施設内に移すという大胆なアイデアが構想され、他にいくつかあった案を押しのけて採用されたのだという。船場セン

各館に数フロアの商業スペースがあり、主に衣料品を扱う問屋、小売店の店舗が入っている（2021年３月撮影）

タービルの長大さは、そういう成り立ちゆえのものなのだ。

船場センタービルは１～10号館まで分かれており、各館に地下から地上階まで数フロアの商業スペースが設けられている。つまり、そのすべてを歩き切ろうと思えば、１～10号館の全フロアを上がり下がりしながら端から端まで見ていく必要があるのだ。

私は過去に何度も船場センタービルに来たことがあったが、そのすべてを歩き切ったことはなかった。コロナ禍の館内の様子を見ておく上でも、今日はくまなく歩いてみよう。その前にまず腹ごしらえだ。

船場センタービルには数カ所の飲食店街があり、館内の従業員はもちろん、近隣のオフィスで働く人々や買い物客まで幅広い層が利用している。

特に2・3号館の地下2階フロアは「ジョイ船場50」というレストラン街になっており、お昼時は賑わっている。「粕汁定食」が名物だという「天友《てんとも》」で昼食をとることにした。

店内にはスーツ姿の一人客や、若い女性グループ、テーブルにビールの空き瓶を並べている昼飲み客など多様な人の姿がある。私が具材がごろごろ入った美味しい粕汁をすすっていると、久々にここに来たらしき客とお店の方の会話が耳に入ってきた。「久しぶり。コロナの影響はあんまりないか?」「ありますよ！　特にお昼はお客さんがだいぶ減ってしまって」と、やはりこのご時世、自然とコロナ関連の話題になるようだ。周辺がオフィスビルばかりのここ船場エリアでは、企業がリモートワークを取り入れたことによって出勤してくる人の数が減った影響が特に大きいらしい。また、出勤してきても外食を避け、オフィス内で食事をとる人が増えたという。「外食はリスクやゆうて、みんな嫁さんからお弁当持たされてるんでしょうねぇ」と、お店の方が苦笑するのが聞こえた。

お腹が満たされたところで改めて1号館まで戻り、10号館まで、一般の立ち入りが許されるフロアのすべてを行ったり来たりしながら、その雰囲気を見てまわった。こうしてみると、1～3号館はアンティーク雑貨や海外からの輸入雑貨などを扱う商店が目立ったり、4～5号館あたりになるとフォーマルな紳士服、婦人服を販売する老舗らしき店が増え、6～7号館では呉服店や高級感を打ち出したブティックが目につくなど、少しずつ特色があるのがわかってきて面白い。

また、1～10号館までの構造はすべて同一ではなく、地下2階まである部分もあれば地下1階までしかない部分もあり、逆に地上4階までのところと3階、2階までのところがあったり。おそらく建物の上を走る道路、隣接する地下鉄の駅との構造上の兼ね合いなのだろうが、かなり複雑な作りになっているのがわかる。歩けば歩くほど「こんな不思議な建物って他にはないんじゃないだろうか」という思いが強くなってくる。

「問屋街」に未来はあるのか

衣料品店の多さに体内の水分が吸われたのだろうか、強い喉の渇きを感じ、2号館地下2階にある喫茶店「スカーレット」で一休みすることにした。

ここ「スカーレット」は船場センタービルの開業当初から同じ場所に店舗を構えており、創業50年を超える老舗だ。創業当時からの名物だという深煎りコーヒーを使ったカフェオレをいただきつつ、お店のご主人に話を伺った。

それによると、2020年に開業50年を迎えた船場センタービルは、これまでとは違う客層も幅広く取り入れるためにさまざまな努力をしているところだという。従来、日曜日は全館一斉の休館日となっていたのが、外部からの買い物客を呼び込むべく、2021年4月からは日曜日にも開館することになった。

しかしそのような努力の一方、コロナの影響もあって客足は減っており、シャッターを下ろす店舗がじわじわと増えている状況らしい。

確かに、下ろされたシャッターに「テナント募集」と書いた貼り紙が貼ってある光景も

空き店舗が目立つ一画もある（2021年３月撮影）

多く見受けられた。

「もともと問屋街として始まったけど、問屋というものの役割が時代によって変わりつつあるんです。昔は舶来品を売る店ゆうたらここにしかなくて珍しかったけど、今は通販でどこからでも買えるでしょう」と、店主が言うには新型コロナウイルスだけでなく、時代の変化そのものが船場センタービルに影響してきている。

船場センタービルでは、客層の若返りを図るべく、開業50周年のサイトを開設してPRに努めているが、その中にあった施設内の店舗オーナーのインタビュー集でも、みな口々に「若い人に空き店舗を安く貸すなどの取り組みが必要では？」と言っているのが印象的だった。確かに、せっかくここにしかないような名物ビルで、しかも空きスペースがたくさんあるのだから、もっとどんどん新しい店が集まってきたらいいのにと思ってしまう。「スカーレット」の店主いわく、新しい店はごくごく一部で、大半はここと同じような老舗ばかりになってきているという。

その後もフロア内を歩き回り、半日がかりで船場センタービルをようやく踏破することができた。再び2号館地下2階に戻り、飲食店街の居酒屋「大名酒蔵」で疲れを癒していくことにした。

ここは1970年、船場センタービルの開業と同時に創業した「大名そば」の系列店。ランチタイムなどを除いては生ビールが1杯無料というサービス精神旺盛な店で、着席と同時に生ビールが運ばれてくる。

キンキンに冷えた生ビールや、1杯150円という驚き価格のチューハイを飲みつつ、改めて船場で過ごした今日一日のことを振り返ってみる。

昭和の風情の残る町並みが好きな私にとっては、船場周辺では、この船場センタービル

入店するとおしぼりと一緒に生ビールが運ばれてきた（2021年３月撮影）

に最も魅力を感じる。しかし、懐かしさをくすぐられると同時に、こうした場所が時代に取り残されるのではなく、上手な形で新陳代謝してさらに長く愛されていくようになって欲しいと願わずにはいられないのだった。

第9章

中止と再開を繰り返す
四天王寺の縁日

毎月21日、22日は縁日で賑わう四天王寺（2020年10月撮影）

大阪市天王寺区に四天王寺というお寺がある。『日本書紀』によると593年に建立され、日本最古の官寺とも言われている。物部守屋《もののべのもりや》と蘇我馬子《そがのうまこ》の合戦の際に蘇我氏側についた聖徳太子が四天王に勝利を祈願し、戦いに勝利した後に建立したとされ、大阪市中心部の南東にある繁華なエリア「天王寺」の地名の由来にもなっている。

第二次世界大戦末期、1945年3月の大阪大空襲で境内の大部分が焼失する被害を受けたが、その後長い年月をかけて復興し、現在では創建当時の伽藍《がらん》様式が忠実に再現されている。四天王寺の敷地は約11万平米（甲子園球場の3倍だとか）と広大。中門、建立以来幾度となく損壊しつつもそのたびに再建されてきた五重塔、寺の本尊である救世《ぐぜ》観音を祀る金堂《こんどう》、十一面観音と阿弥陀《あみだ》如来を祀る講堂が南北一直線に並ぶ「四天王寺式伽藍配置」として有名だ。

と、仏教寺院としての歴史的な価値も高い四天王寺なのだが、私が初めてこの寺を知ったのは「縁日が賑やかで楽しいお寺」としてなのだった。大阪に越してきて間もないころ、大阪生まれの知人に「四天王寺の縁日に行った方がいい！　絶対に気に入ると思う」と熱く推薦されて足を運んだ。

雑多な活気が渦巻き、鐘の音がゴーンと響く

四天王寺では、弘法大師の月命日である毎月21日を「大師会《だいしえ》」、聖徳太子の月命日である毎月22日を「太子会《たいしえ》」としており、この2日間は境内にたくさんの露店が出る。特に21日には骨董《こっとう》やアンティーク雑貨、古着などを売る露店が多く集まり、いわゆる「蚤《のみ》の市」のような場が生まれる。初めて行ったときはその賑わいと個性的な露店の数々に衝撃を受けた。いかにも高級そうな古美術品を陳列した店もあれば、おびただしい数のこけしを売る店もあり、かと思えば自宅の不用品かと思われるものをレジャーシートの上にポツリポツリと並べただけの、のんびりした店もある。食べ物を売る屋台もたくさんあって、そこで買ったものをみんな石段に腰かけたりして食べている。雑多な活気が渦巻く中で鐘の音がゴーンと鳴り響き、場のエネルギーに圧倒されて頭がクラクラした。

それからたびたび足を運んでは、露店を眺めながら屋台で買ったイカ焼きを頬張ったりして楽しんでいたが、その四天王寺の縁日も新型コロナウイルス感染症の大きな影響を受

けた。

コロナ禍の縁日風景

2020年4月になると、四天王寺は感染拡大防止のために境内のお堂をすべて閉鎖。お寺の歴史としても、かつてないことだとニュースになった。その後、同年6月からは閉鎖が解かれて拝観が再開されたものの、毎月の縁日をはじめとした多数の人が集まる行事はずっと中止されたままだった。例年であれば1週間にわたって境内に露店が出て賑わう9月のお彼岸になるとようやく、日々報告される感染者数が落ち着いてきたように見えたのを受け、縁日が再開されることになった。

久々に縁日が開かれると聞き、私もその様子を見に行ってみたのだが、長い休止期間を経て目の前に現れた境内の活気を眺めると感慨深いものがあった。それでも、コロナ禍以前の縁日の賑わいからすると露店の数も人出もだいぶ少なく見えた。「やっと再開やな」「いやまだ今月は様子見やな。人もおらへん。3分の1や」と、露天商と客との会話が聞こえてくる（その一方で、久々の再開で売れに売れていると話す古道具店の店主もいた）。

陶器類をたくさん並べて売る店（2020年９月撮影）

古着を山のように積み上げて売る店も（2020年10月撮影）

これまで縁日の日には無料で開放され上階まで登れた五重塔も〝密〟を避けて閉鎖されているし、「お経や真言を唱える際は小声でお願いします」という注意書きが目に入るし、境内を歩く人々は当然みなマスクをしているし、やはりさまざまな部分がこれまでとは変わってしまったと感じる。

翌月、2020年10月の縁日にも足を運んでみたが、晴天で過ごしやすい気候だったにもかかわらず、やはり人出は完全には戻っていないようだった。

帰り際、私は勇気を出してある屋台の店主に声をかけた。いつも行列ができるような、四天王寺の縁日の名物店である。さまざまな露店が立ち並ぶ中でも老舗で、25年ほどこの場所で商売をしているという。私も以前からその店が好きで、四天王寺の縁日に来るときは毎回そこに立ち寄れるのを楽しみにしていた。今、コロナ禍で四天王寺の屋台がどんな影響を受けているのか、できれば話を聞かせてもらえないかと思ったのだ。

「大阪で二番目にうまい店」

Yさんというその屋台の店主は「お話を聞きたいんですが」などと突然声をかけてきた

私をしばらく怪訝《けげん》そうに眺めていたが、後日、時間に余裕のあるときに改めて連絡することを条件に、連絡先を知ることができた。しかし、それからYさんとの予定の調整がうまくつかぬままに日が経った。

その後、四天王寺の縁日は２０２０年12月になって再び中止を余儀なくされる。重症患者が急増し、病床数が逼迫《ひっぱく》したとして医療非常事態宣言が出されたことを受けての中止だった。その都度大きな判断を下すお寺側も大変だろうが、露店関係者にとっても目まぐるしく変わっていく状況に引っ張り回されるようなものだろう。Yさんはどうしているだろうか、と思っていた矢先のある平日の昼、「今からなら時間が取れる」とふいに電話をもらい、指定された西成《にしなり》区の某駅へと急いで向かうことにした。

Yさんと合流し、行きつけの店だというアーケードの商店街沿いにある食堂でチューハイを飲みつつ、お話を伺った。

Yさんは現在60代半ばで、30代の頃は当時流行の兆しを見せていた「屋台村スタイル（一つの敷地の中に専門店が多数あるようなタイプの店）」をいち早く取り入れた居酒屋を経営していたこともあったという。「飲み歩いてバクチして、根が遊び人やねん（笑）」と語るYさんはさまざまな形で飲食に関わってきたが、そのポリシーは「味に対して手を抜かんこと」と「上手な人をよく見て、自分のものにすること」だそう。

四天王寺では今の屋台だけでなく、色々な商売をしてきた。縁起物の「祝い袋（金封）」を売る店をやったり、くじ引きの店をやったり、ちりめんじゃこを売ったり。いくつもの商売を渡り歩いてきたYさんだが、「何が正解で何が間違いか、わからんからな」と、その都度、どうしたら店が繁盛するか、そして客にまた来てもらえるかを考え続けてきたという。「儲《もう》けばっかり考える人もおるけど、そういう店を客はよく見てるから『ここではもう買わん』と思う。せやからやっぱり最後は良心的なところが勝つと思う」と語る。

「もうわしも歳や。酒もよわなってきた」というYさんだが、その言葉に反して体はシュッと引き締まって筋肉質だ。自分のことを飾り立てて話すようなことは一切ないが、数々の商売を経て積み上げてきたノウハウに絶対の自信を持っているように見えた。

「コロナで縁日が中止になったりして、大変ではないですか？」と愚問と思いつつ聞いてみると、「決まった祭りにだけ（露店を）出してたらこれが中止あれが中止ゆうて大変やけど、自分らはあちこち商売できとったから、そんなにめちゃくちゃ大変ではなかったな」と言う。Yさんは四天王寺以外にも関西を中心に各地の縁日やお祭りに露店を出しており、一年のはじめにはその年の終わりまでのスケジュールが埋まっているのが常なのだとか。

そんなYさんにとっては四天王寺の縁日も数ある商売の場所の一つだそうだが、長年お店を出しているゆえ、毎回Yさんの屋台を楽しみにくる馴染みの客も四天王寺には多いのだという。しかし、コロナ禍以降は特に高齢客が姿を見せなくなった。感染リスクを思えば人が集まる場所から足が遠のくのも必然だろう。「いつも来とった人が来《こ》んくなると心配になるわな。病気したんかなぁとかな。まあ、人出は少ななったな。前は買うまで2時間半待ちやったからな」とYさんは少し寂しそうに言うのだった。

そのYさんが昔やっていたある屋台で「大阪で二番目にうまい店」というキャッチフレーズをのぼりに大きく書いて大繁盛したことがあった。Yさんの親方に当たる人が雑談の中で何気なく口に出した言葉がもとだったらしいのだが、「二番目にうまい」という絶妙にユーモラスなフレーズが「おもろいやんけ」と客の心をくすぐったのだという。

「なんでもな、一番言うたらそれで終わりやねん。逃げ道がないねん。二番目言うたらまだ伸びる余地があるやろ」とそのフレーズに込められた意味を語るYさんに、逆境をユーモアに変えて乗り越える力強さを感じた。

お互いだいぶ飲んだところでYさんが私に言った。「なんか書くんなら一度バイトして自分の目で見てみんとな。こうやって話聞くより早いやんか！　なあ」と。そのときは「それもそうですねぇ」などと調子よくうなずいていた私だったが、２０２１年2月になってYさんから電話があり、3月のお彼岸の縁日に本当に屋台を手伝わせてもらうことになった。

「せやから前を向いてな、いかなあかん」

縁日の当日、朝7時に現地に集合との約束だったので久々に早起きして四天王寺へと向かった。早朝に四天王寺に来るのは初めてだったが、すでにこの時間から露店の設営を始めている人々も多かった。

Yさんの屋台で、私は簡単な荷物運びと、お客さんに品物を袋に詰めて渡す係を担当した。Yさんが私のために半ば無理矢理用意してくれた仕事で、ぼーっと立っているだけの時間が結構あった。特にこの日は例年に比べて驚くほど人出が少なかったそうで、私がいることがかえって邪魔になってしまっているようで申し訳なかった。しかし、大好きな四天王寺の縁日で、「いらっしゃいませ!」などと声を出しながらお客さんに対応する日が来るなんて思ってもみなかったので、しみじみと込み上げてくる感動があった。

やってくる客の多くは60代以上かと思われる高齢の方々で、「いつもここに来るのが楽しみなの。今日は並んでないからびっくりしたわ」と話しかけてくれる人もいた。いつもなら午前中から行列ができてもおかしくないそうなのだが、行列は昼になってもできなかった。Yさんに「今日はあかんな。もう昼で仕事切り上げてええよ」と言われ、私の屋台デビューは半日で終了となった。

「すまんかったな」とYさんからお土産をたくさんもらって、私はいつもどおり、ただのひやかし客の立場に戻った。まだ人の少ない境内を歩きながら、早くここに本当の活気が戻り、Yさんが忙しくて困るぐらいになって欲しいと思った。「人が足らんねん!」とYさんからまた電話がかかってきたら、今度はもっと役に立てるよう頑張りたい。

2021年4月、四天王寺の縁日が再び中止になることが発表された。大阪府の対応も行きあたりばったりにしか感じられず、情勢の変化に市民が振り回される状態はまだまだ続きそうだ。

一緒にお酒を飲んだ日、酔った私はYさんに「世の中、これからどうなっていくでしょうね」と聞いた。Yさんはこう答えた。

「そらいろいろ考えることはあるわな。1カ月先だけやなしに1年先も考えていかなあかんしな。在庫の管理も大変やしな。せやけどまあ、なるようにしかならんわな。あかんのはみんな同じや。いつも同じやねん。いつでも次はどうしようゆうて考えていくしかないんやな。コケても競艇で負けたおもたらええねん（笑）。商売は強気でいかな、絶対攻めなあかんねん。それで倒れたら、もうしゃあないねん。それが最終的な答えやな。せやから前を向いてな、いかなあかん」

早朝の四天王寺は静かだった（2021年３月撮影）

来客を待つ屋台（2021年３月撮影）

第10章

ベトナムに帰れぬ日々を過ごすアーティスト

ベトナム出身のアーティスト、トラン・ミン・ドゥックさん（2021年5月撮影）

2021年4月、大阪市此花区で「『我々はここに来た』〜カレーハウスでの会話」というアートイベントが開催された。ベトナム出身のアーティストであるトラン・ミン・ドゥックさんがベトナム流のカレーとベトナムコーヒーをふるまい、来場者と対話を試みるという趣旨のイベントである。そのドゥックさんは2020年の2月に大阪で展覧会を開くために来日し、当初は同年4月にベトナムに帰国する予定だったが、コロナ禍の混乱に巻き込まれ、一年以上日本に留まることを余儀なくされているという。

そのような状況に置かれているドゥックさんがどんなことを考えているのか、ぜひ話を聞いてみたいと思い、私はそのイベントに足を運ぶことにした。会場となっている此花区の2階建ての木造家屋にたどり着くと、ドゥックさんが大阪で生活する中で制作したアート作品が壁に展示されていた。

席についてしばらく待っていると、ドゥックさんの作ったカレーが運ばれてきた。鶏肉とスパイスを炒《いた》めてココナッツミルクを入れて煮込んだというもので、ドゥックさんの出身地であるベトナム南部のオーソドックスなスタイルで作られたカレーだという。

スーパーマーケットのチラシを題材としたドゥックさんの作品（2021年4月撮影）

具材としてサツマイモとジャガイモが使われているのだが、サツマイモは古くからベトナムにあった野菜、ジャガイモはベトナムがフランスの植民地だった時代に輸入されてきたもの。この二つのイモを使うことによって、ベトナムという国の持つ複雑な歴史や、ルーツが不確実であることなどへの問いかけとしての意味を持たせているという。

さっぱりとしつつもクセになる後味にスプーンが止まらず、美味しいレストランを偶然見つけたような気分ですっかり満足した後、ベトナムコーヒーを飲みながらドゥックさんにお話を伺った。

ベトナム人の帰国は、日本人のベトナム渡航より難しい

ドゥックさんは1982年生まれ。個人と社会、異なる国と国など、さまざまなスケールにおいての関係性をテーマに、自由自在に表現スタイルを変えながら作品を作り続けている。これまでニューヨークやパリをはじめ世界各国の都市で制作・展示を行ってきており、過去にも2度来日し、東京や長崎で開催されたアートイベントに参加している。2011年10月に東京で開催されたイベントでは、巨大なピンク色の布を引きずりながら渋谷や新宿の町の中を歩くというパフォーマンスを行い、東日本大震災後の人の営みと、その日本にいる外国人としての自分を表現したという。

国際的に活躍するアーティストであるドゥックさんだが、2020年に大阪での展示を終え、ベトナムに戻ろうと思っていた矢先、新型コロナウイルスの感染状況が深刻になった。ベトナムへの空路もストップし、まったく先の見えない中でそれから1年以上を過ごしてきた。これまで世界のあちこちに1カ月、2カ月と滞在しながら制作を行うことはあったが、ベトナム以外の国にこんなに長期にわたって滞在するのは初めてのことだという。

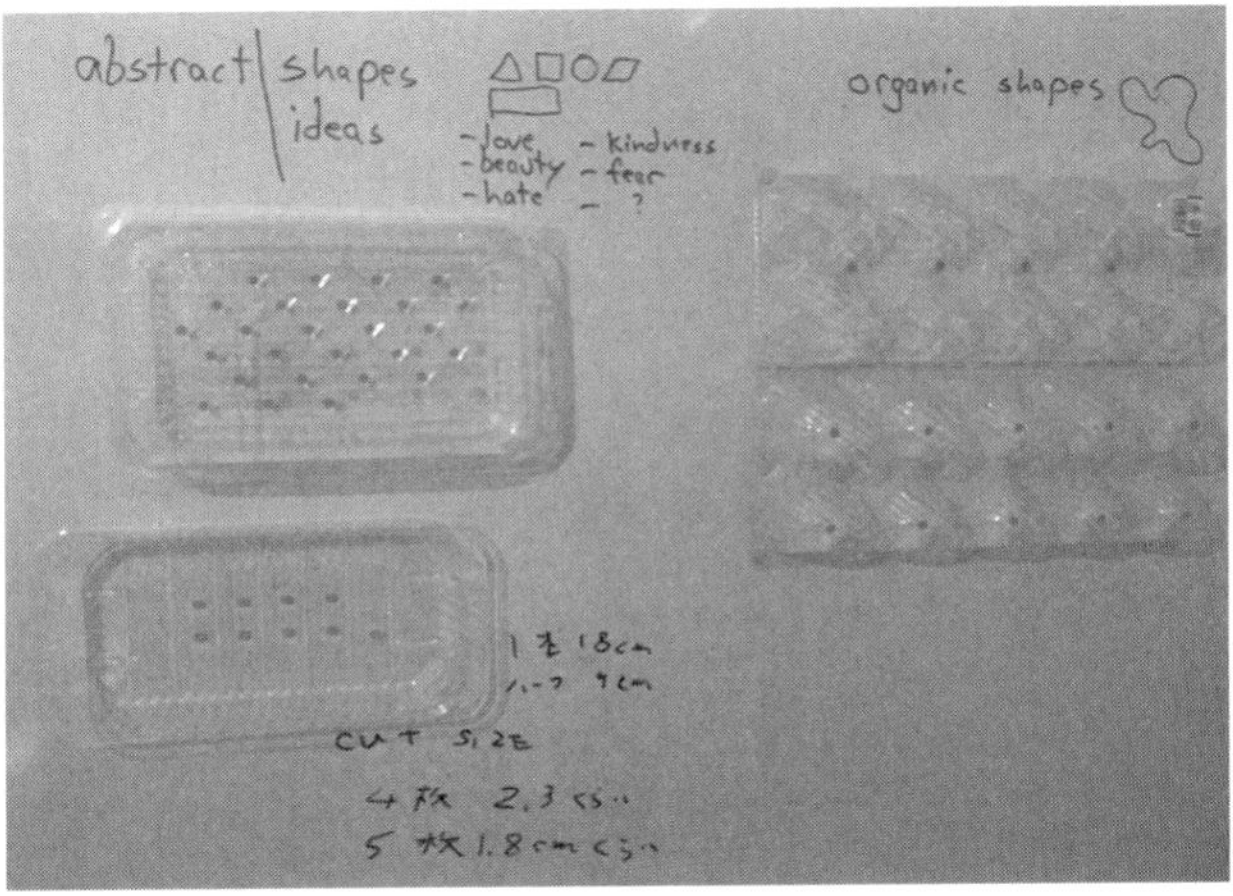

玉子や惣菜類の入っていた容器を素材にした作品（2021年４月撮影）

なんのめぐり合わせか、その地がたまたま大阪だったというわけだ。

日本とベトナムを行き来する飛行機は大幅に数を減らしつつも運航されていたのだが、ベトナム国籍を持つ人がベトナムへ帰国することが困難な状況が長く続いているという（ビジネスに従事する日本人がベトナムに渡る方がまだ簡単だそうだ）。ドゥックさんは積極的に情報を収集して帰国できるチャンスを求めているが、ベトナム政府が用意する限られたフライト数に対して帰国希望者の数が多く、妊婦や高齢者、持病のある人などが優先されるため、自分が戻れるときがいつ来るのかはまったくわからぬままだとのこと。新型コロナウイルス感染症はベトナム国内でも猛威をふるっており、それによって帰国はますます困難になっているそうだ。

２０２０年以降、ドゥックさんは周囲の協力などを得て大阪市阿倍野《あべの》区、西成区、住之《すみの》江《え》区を転々として過ごしてきたが、当時は展覧会に協力する「ＦＩＧＹＡ」のサポートによって此花区内に宿泊していた。２０２０年の夏は想定外の暑さによって体調を崩してしまったとのこと。こうした経緯を聞いただけでも、どんなに不安な日々だったろうと胸が痛くなる。

しかし、そんな日々の中でもドゥックさんは制作を続けている。制作のために割ける費用も限られるため、最近ではスーパーマーケットや１００円均一ショップなどで手に入る身近な素材を使ったものが多くなっているそうだ。

聞いてみたいことはたくさんあったが、その日は時間が限られていた。別の機会にまたゆっくり話をしたい旨を告げると、ドゥックさんはそれを承諾してくれた。

徒歩15分エリアにベトナム食材店が3軒オープン

改めて会えるタイミングを探ってスケジュールを調整している中、驚いたことがあった。ドゥックさんが滞在している此花区の千鳥橋エリアに、ベトナム食材を販売するショップが立て続けにオープンしたという情報を耳にしたのだ。徒歩15分ほどのエリア内に3軒ものベトナム食材店ができた。どのショップも2021年4〜5月の間にオープンしたものだ。

そこで、ドゥックさんと3軒の店をめぐりながら、この地域にベトナム食材店が一気に増えている理由や、大阪に住むベトナムの方々が生活の中で感じていることなどについて、その一端にでも触れられたらと考えた。

ドゥックさんによれば、これまで料理に使うベトナム食材を手に入れようと思うと、西淀川区福町《ふくまち》や生野区《いくの》鶴橋にある食材店まで行く必要があったという。「まさか自分の滞在する場所のこんな近くにベトナム食材店がオープンするなんて」と驚きの様子だった。

最初に訪ねたのは空き家を改装したらしき店で、それほどの広さではないが、調味料やインスタント食品、フォーやビーフン、冷凍肉（カエルの肉も売られていた）やドリンク類まで、幅広い品物が揃っていた。

此花区梅香にオープンしたばかりのベトナム食材店（2021年５月撮影）

チリソースを手に取るドゥックさん（2021年５月撮影）

店は、生後数カ月の赤ちゃんを抱っこした若いベトナム人の女性が切り盛りしているようだった。軒先にはベビーカーが置かれ、赤ちゃんをあやしながら接客もして、と忙しそうである。近々2階に軽食やコーヒーが味わえるカフェスペースもできる予定だという。

聞くところによると、ここからほど近い高見《たかみ》エリアにある集合住宅にはベトナム国籍を持つ技能実習生が100人ほど暮らしているそうで、そういった人々の需要を見込んでいるという。

出入国在留管理庁が調査した2020年の「在留外国人統計」によれば、日本に在留する外国人のうちベトナム人は約45万人で、中国に次いで第2位となっている（そのうち、大阪府内には約3万9000人が在留している）。また、厚生労働省が2020年に調査した「外国人雇用状況」によると、日本国内で働く外国人労働者を国別に見た結果、3位のフィリピン、2位の中国を抑えて最も多いのがベトナムで、前年からの増加率でも1位となっている。

2017年に「外国人技能実習制度」が改正されたことに伴い、日本国内の企業で報酬を得て働きつつさまざまな職業についての技能を学ぶ、「技能実習生」として日本にやってくる人々が急増した。ベトナムからも多くの技能実習生が日本にやってきているが、中には劣悪な条件、環境のもとでハードワークに従事させられる人々も多く、社会問題になっている。

技能実習生の契約期間は基本的に3年、特定の条件を満たして延長すれば5年と定められているが、現在の日本国内には技能実習の契約期間は終了したもののベトナムに帰国することはできないというような、宙ぶらりん状態に置かれている人もいるという。

そんな話を聞きながら買い物を済ませ、春日出《かすがで》というエリアにできた別のベトナム食材店を目指す。

取材日は運良く梅雨の晴れ間だったが、数日にわたって雨が続いていた。「日本の梅雨は嫌じゃない?」とドゥックさんにたずねると、「ベトナムには雨季があるから雨は慣れているけど、何日か前、地元を思い出して久々に家族に電話してしまいました」と照れたように笑っていた。

2軒目に訪れたのは活気あるアーケード街の端にオープンしたばかりのベトナム食材店

3軒目に訪れたベトナム食材店も5月末にオープンしたばかり（2021年5月撮影）

「VIET QUAN 98」（章扉写真）。先ほどの店よりも少し広く、店の奥のテーブルでは若いベトナム人の男女が雑談をしたり食事をしたり、思い思いに過ごしている様子だった。

聞くところによるとその多くは留学生だという。此花区にはベトナム人向けの日本語学校があり、学生も多いそうだ。彼らがたまに遊びに行くのは難波がメインで、ボウリングやビリヤードをして遊ぶことが多いと教えてくれた。ただ、コロナ禍でそういったこともなかなかできなくなってしまったそうだ。

店名につけられた「98」というナンバ

ーはベトナムのバクザン省という地域を表す行政上のナンバーで、店主の出身地に由来しているらしいとドゥックさんが教えてくれた。ベトナム北部にあり、サムスン電子関連の大きな工場のあるバクザン省は新型コロナの被害が大きなエリアで、工場がストップすることによる経済的なダメージが深刻なのだとか。

その店を出て5分ほど歩くと、また別のベトナム食材店が見えてきた。

こちらの店でも生後間もない赤ちゃんを抱えた若い女性がレジに座っており、店内には赤ちゃんをあやすためか可愛《かわい》らしい童謡が流れている。めぐってきた3店ともそれぞれに関係はなく、独立した店舗だという。品揃えは似通っているが、店ごとに少しずつ雰囲気が違う。どの店にも数人のベトナム人が集まって話し込んでいる様子が見られ、コミュニティースペースとしての役割も果たしているようだった。

あちこちで買い集めたベトナム食材がパンパンに入ったビニール袋を抱え、近所に住む私の知人の部屋で一休みしながら、改めてドゥックさんに話を聞くことにした。

国境や国籍とは何か、自分自身に問いかけています

——近いエリアにいきなり3つもベトナム食材店ができていて驚きましたね。

今は日本とベトナムを簡単に行き来することができないから、ベトナム人にとってはああいうお店が必要になっているのかもしれないですね。帰国できない人が仕事としてやっているのかもしれないです。

——ベトナムに戻れないことをドゥックさんのご家族は心配してないですか？

去年までは心配していたけど、今はここでしっかり生活できているとわかって安心しています。それにベトナムもコロナの感染者が増えて大変だから、むしろ状況が落ち着くのをゆっくり待ってから帰ってきた方がいいと思っているみたいです。

——ベトナム国内でもワクチン接種は始まっているんですか？

始まっているけどペースはすごくゆっくりです。それを待つよりも、日本では在留外国人にもワクチンを打つ予定だということをニュースで読んだので、日本で接種する方がいいかもしれないですね。ワクチンを打てば、ベトナムに帰りやすくなるかもしれないです。

——日本で過ごしていて、コロナにかかってしまうのではないかという不安は感じますか？

それは毎日考えていることです。もしそうなったら、支援団体の窓口に相談します。前に風邪をひいたときにそのセンターに電話したら、すごく親切に対応してくれました。でもそのときは結局、龍角散ののど飴《あめ》をなめて、できるだけ野菜を食べるようにして治しました。

――健康状態が深刻になったときに、スムーズに病院を受診できるか心配です。

私は英語や日本語も話せるし、オンラインで情報を収集できるから条件はいいのです。ベトナム人の労働者は仕事が大変で、体をケアする暇もないからもっと大変です。彼らの中にはオフィシャルな問い合わせ先を知らず、Facebookで頼れる人を探すしかない人もいるようです。

――大阪で過ごすことになった1年間を、ドゥックさんはどう感じていますか?

私はアーティストです。この状況をアドバンテージにしたい。この状況を制作に活《い》かしていきたい。それはコロナに限らず、どんなシチュエーションに対しても思うことです。ポジティブな気持ちを持っていないと前に進むことはできません。大阪の人々はすごく親切に、ユーモアのセンスを持って私を受け入れてくれました。前に日本に来たときは東京の青山と長崎の佐世保《させぼ》に滞在しましたが、大阪、東京、長崎、どこも印象が違います。大阪は私の故郷のホーチミン市のように、海に近いフレンドリーな大都市だという印象です。同時に、私の母の故郷であるハイフォンという港湾都市を思い起こさせます。

――大阪で生活していく中で困ったことはありましたか？

去年の9月にパスポートの期限が切れて、クレジットカードも使えなくなったことがあって大変でした。そのときは大阪のベトナム総領事館に電話したけど、ベトナム人にとってはわかりにくかったです。ベトナムの政府の窓口なのにアナウンスが日本語の「お待ちください」だったりして（笑）。それと、予約していたベトナムへのフライトがキャンセルになって、ベトナムと国際電話でやり取りしたのですが、その通話料が100ドルもかかったのはショックでした。

――大阪で暮らすベトナムの人たちについて、思うことはありますか？

ベトナム人が日本で働く方法がもっと簡単になって欲しいと思います。移民の人たちが仕事をするのにいろいろと許可が必要なケースが多くて、でもこれはベトナムだけでなく、他の国から来た人にとってもそうだと思います。技能実習生はたくさんの契約で縛られています。「あれをしちゃいけない、これをしちゃいけない」というルールを、政府ではなく、彼らを派遣するベトナムの企業と受け入れる日本の企業だけで決めてしまいます。「仕事をしている間、絶対に妊娠してはいけない」とか。妊娠してしまうと強制送還されるんです。

――普通に働きたいだけなのに過酷な状況に置かれてしまうというのはおかしいですよね。

そう思います。アメリカに滞在した経験と比べると、日本はどんなことをする上でも、たとえば携帯電話の電話番号を持ったり、Ｗｉ－Ｆｉルーターを借りるだけでも在留カードが必要となり、ハードルがすごく高いのです。ただ、私はアーティストなので、労働者の置かれている環境とは違います。ハードワークをする必要もありませんからね。外国人に対するステレオタイプな見方もなくなって欲しいですし、同時に、私に対して「ベトナムに帰れないかわいそうなアーティスト」という視線が向けられるのも望んでいません。

――本当にそうですね。ステレオタイプな考えは差別を生み出す要因にもなりますね。

世界が一つの国家であったらと夢想したりすることもあります。状況に対する不平不満や比較ではなく、大阪の人々や、大阪に住む若いベトナム人たちと考えや問いかけを共有

此花区の交差点にて（2021年５月撮影）

したいと思っています。旅行者のように短期間ではなく、大阪に1年以上という長い期間滞在することになって、国境や国籍といったものがなんであるかということを、私は自分自身に問いかけています。

インタビューを終えて数日の間、ドゥックさんが言った「ステレオタイプな見方がなくなって欲しい」という言葉が私の頭を何度もよぎった。まさに私はドゥックさんを「かわいそうなアーティスト」という偏見で見ようとしていたのではないか。そして、日本にいるベトナムの方々を「過酷な環境に置かれた人々」としてばかり見ようとしていた気がする。

ベトナム食材店を1軒ずつめぐり、お店の方やドゥックさんと対話して感じたことは、一人ひとりが違う人間で、違う表情と違う声で語っているという、ただただ当たり前のことであった。のんびりと店番をしている様子が楽し気に見える瞬間もあったし、そしてまた、少し体調をくずしただけで不安にさらされる状況と隣り合わせでもあるのだろうと思えた。海外からやってきて大阪で暮らす人々を少しでも身近に感じられるよう、自分の理解の解像度をもっともっとあげていかなくてはと思った。

ドゥックさんはまた新しい展覧会を開くべく準備を進めていた。それまでに一緒にお酒を飲みながら食事でもしようと約束したので、まずはその日を楽しみにしたいと思う。

第11章

緊急事態宣言明けの
西成をゆく、ちんどん行列

地下鉄花園町駅近くの鶴見橋商店街をゆく「ちんどん通信社」の一行（2021年6月撮影）

大阪市中央区、地下鉄の谷町《たにまち》六丁目駅からほど近い場所に「ちんどん通信社」の事務所がある。太鼓や鉦《かね》を鳴らしながら町を歩く「ちんどん屋」を派遣しているらしい。私がその事務所の前を初めて通りかかったのは数年前のことだったが、そのときは失礼ながら「ちんどん屋さんってまだ残っているんだな」と意外に思いながら通り過ぎただけだった。

しかし最近になって、私の友人がその関係者だとわかり、「ちんどん通信社」が関西を代表するちんどん屋であること、代表の林幸治郎《こうじろう》さんを中心に今なおさかんに活動中であることなどを聞いた。活動範囲は関西圏に留まらず、海外に招聘《しょうへい》されて実演することもあるという。ただ、2020年の春以降は新型コロナウイルスの影響を大きく受け、これからの時代に応じたスタイルを模索しているところでもあるそうだ。路上を練り歩きながらの宣伝活動をなりわいとする、いわば〝町歩きのプロ〟に今の大阪について話を伺いたいと思い、取材を申し込んだ。

「ちんどん通信社」は1984年に旗揚げされた。その代表を務める林幸治郎さんは19

大阪市中央区にある「ちんどん通信社」の事務所（2021年６月撮影）

56年生まれ。福岡県福岡市の金物問屋の三男として育ち、77年に京都の立命館大学に入学。音楽好きで、特にニューオーリンズジャズに心酔していた林さんは、大学の軽音楽部に入部する。そのとき、部内でたまたま欠員が出ていたことを理由にトランペットを手にすることになった。練習を繰り返してもなかなか思うように吹けない日々が続いたが、そんなある日、下宿先のアパートの2階で昼寝をしていると、すぐ近くをちんどん屋が通っていった。太鼓と鉦の音に混じってトランペットの音色も聞こえ、「日本にこんな音楽があったのか」と衝撃を受けたという。ジャズはどこまで行っても日本人には手の届かない音楽に思えたが、ちんどん屋の演奏には海外の真似事《まねごと》ではない土着的なオリジナリティを感じた。慌てて窓から身を乗り出すと、ちんどん屋の一行が「大売出し」の旗を掲げて遠くへ消えていくのが見えた。

早速ちんどん屋について情報収集を始めた林さんは、富山県で1955年から「全日本チンドンコンクール」という、文字どおり日本各地からちんどん屋が集まるイベントが開催されているらしいと知った。現地へ赴き、改めてその演奏、出で立ちや動きに魅了されると、京都に戻って鴨川のほとりで友人たちと見よう見まねの練習を始める。すると通りかかった人にその物珍しさから近くの商店街での宣伝を依頼され、町を歩きながら演奏する難しさと楽しみを知った。

大学卒業後の進路に悩んだ末、林さんは、大阪にあった「青空宣伝社」で住み込みで働き始める。「青空宣伝社」はちんどん屋の派遣をはじめ、アドバルーン、紅白幕や抽選機の貸し出しなど、街頭で行う宣伝活動全般を引き受ける会社だった。トランペットが吹けた林さんは徐々にちんどん屋部隊の主要メンバーとして活躍するようになり、後に独立することになる。そうして立ち上げたのが「ちんどん通信社」である。

林さんはちんどん界のニューカマーとして次第に注目を集めるようになり、マスコミからの取材や執筆活動を通じて、ちんどん通信社の名が世に広まっていくことになった。

ちんどん通信社は関西を代表するちんどん屋として認知されるようになっただけでなく、海外公演を通じて日本のちんどん文化を広くアピールする存在にもなっていく。町の中で行われる宣伝活動から日本各地でのさまざまな催し、ワールドワイドな舞台まで、年に平均して1000件もの仕事を請け負う多忙な日々の中、何枚ものCDをリリースしてちんどん屋が奏でる音楽を保存・普及することにも努めてきた。

「まちまわり」と「舞台」が活動の二本柱

現在のちんどん通信社の活動には大きく分けて二つの種類がある。一つはちんどん屋と聞いて多くの人がイメージするであろう、路上での宣伝活動である。たとえば新しい居酒屋がオープンする際、その店頭や店の周辺を練り歩きながら演奏し、ビラを配り、口上によって新しい店ができたことを伝える。同じスタイルでスーパーのセール情報を知らせて歩くこともあれば、メーカーの新商品をPRすることもある。選挙への投票啓発を依頼さ

「あべのハルカス近鉄本店」で行われている舞台「ちんどん演芸館」（2021年6月撮影）

れることもあるという。こういった活動は「まちまわり」と総称される。

もう一つが舞台でのパフォーマンスである。ステージ上で演奏をし、歌を歌い、踊りを踊ってショー空間を作り上げる。イベントやパーティー会場の盛り上げ役として招かれて行うパフォーマンスもこれに入る。この他にも講演会や「ちんどん教室」の開催など、活動は多岐にわたるが、「まちまわり」と「舞台」が二本柱である。どちらもそれぞれに異なる面白さがあると聞き、その両方を見せていただくことにした。

まずは、天王寺「あべのハルカス近鉄

本店」内にある「スペース9」というイベントスペースで毎月開催されている「林幸治郎のちんどん演芸館」という舞台を見に行くことに。「ちんどん演芸館」は、2020年から同じ場所で続けられてきたちんどん通信社主催の舞台だが、緊急事態宣言の発令に伴って数カ月間中止になっていた。それが2021年6月になって久々に再開できるようになったのだという。

観客数をかなり限定し、席と席の間隔をあけての開催だったが、場内には再開を心待ちにしていたらしい常連客の姿も多く、歌手の青木美香子さんをゲストに迎えての演奏や、林幸治郎さんによるちんどんの歴史や文化についてのトークをみな楽しんでいる様子だった。

次に見学させてもらったのが大阪市西成区萩之茶屋《はぎのちやや》のパチンコ店「日大会館」の宣伝活動だ。日大会館はこの周辺のシンボルとなっているラッパーのSHINGO★西成の看板のすぐ近く、まさに西成エリアの中心地にある創業60年以上の老舗だ。ちんどん通信社はこの日大会館の宣伝活動を15年近くにわたってほぼ毎月行ってきたという。

日大会館の開店時間である10時の1時間前、9時から宣伝を開始し、店頭をスタートして周辺をゆっくりと歩き、また店頭へ戻る。そのようにしてトータル3時間ほど宣伝を行うのが通例だという。この日のちんどん部隊のメンバーはトランペットより少し小さいコルネットを演奏する林幸治郎さん、ちんどん太鼓と口上係の内野真さん、広告付きのティッシュを配る係の坂田治子さんという3名からなっていた。

9時になって店頭での演奏がスタートした。太鼓と鉦がセットになったちんどん太鼓とコルネットだけで構成される演奏とは思えないほどに華やかで表情豊かな響きに聞こえる。そしてその演奏に「パチンコの日大会館、本日10時オープンです!」といった内野さんの威勢のいい口上が乗る。そのようにしてしばらく店頭で演奏した後、一行はいよいよ町を歩き出す。邪魔にならぬよう、私も後ろからついて行かせてもらう。

紀州街道を西成警察署方面へ歩き、大通りに出たところで西へ折れる。西成労働福祉センターの建物の手前でもう一度折れ、再びもとの萩ノ茶屋駅方面へと向かう。全長1・5キロもない距離だが、これをおよそ1時間かけて歩きながら、パチンコ店がオープンする10時にはちょうど店頭に戻るように調整しているのだという。

右手が「日大会館」。左上にあるのが「SHINGO★西成」の看板（2021年6月撮影）

この日の「まちまわり」は3人で行った（2021年6月撮影）

林さんが演奏するのは、谷村新司の『昴《すばる》』、千賀《ちが》かほるの『真夜中のギター』、桑田佳祐《けいすけ》が中村雅俊に提供した『恋人も濡《ぬ》れる街角』といった懐かしの名曲の数々。膨大なレパートリーの中から、町の雰囲気やそこで暮らす人々の年齢層などを考慮しながらその場その場で選曲していくそうだ。道行く人からリクエストを受けることもしばしばだとか。取材時も「三田明の曲やって！」と声をかけられ、その要望に即座に対応していた。

また、賑やかな場所では少し音量を大きくし、逆に静かな通りでは控えめにするなど、状況に合わせて絶えず演奏を変化させていくとのことだった。歩いている途中、ふと演奏が止《や》んだと思ったら別のパチンコ店の前を通るところだったりして、そういった心配りも含め、町の様子を仔細《しさい》に把握し、柔軟に対応していく技術に驚かされる。平面的な視野だけでなく、マンションのベランダから演奏を聴いている人のことまでも意識しているという。

10時になっていよいよパチンコ店がオープンすると、来場客を『軍艦マーチ』の演奏で景気よく迎え入れる。そしてまた、近くの商店街へ向かって歩き出す。

同行していて印象的だったのは、ちんどん屋に気さくに近づいてくる人、話しかけてく

陽気な人がふいにちんどんに混ざって来たりもする（2021年6月撮影）

る人の数の多さである。ニコニコと手を振って送り出してくれる通行人もたくさんいた。その様子を見ていて、私は林さんが「ちんどん演芸館」の舞台上で話していたことを思い出した。それはビラ配りについての話だった。ちんどん屋は演奏や口上、姿、ふるまいを通じて、ただのビラをビラ以上の物に見せなければならない。ちんどん屋が縁起のいいものとして人々の目に映ることによって、1枚のビラは、たとえば神社のお札《ふだ》のようなありがたいものにも見えるのだと。

その話を思い出して改めて3人の姿を見ていると、なるほど、商店街を福の神がパレードして歩いているようにも感じられてくるのであった。配っているのはなんの変哲もないティッシュなのだが、みんなが笑顔でそれをもらいに来る理由がわかる気がした。

「道端で寝てる人がいたとして、そのスペースはその人の家なんです」

後日、改めて林幸治郎さんにゆっくりとお話を伺った。2時間以上におよぶインタビューの中で、林さんは、自分とちんどんとの出会いや、40年におよぶ芸歴の中で出会った懐かしき人々についてなど、たくさんの話を聞かせてくれた。どの話も面白く、ここで紹介し切れないのがもどかしいが、大阪の町に関する話が特に印象的だったので、書き残しておきたい。

京都の学生だった林さんが大阪にやってきて最初に暮らしたのが西成区の天下茶屋《てんがちゃや》という町だった。林さんが住み込みで働いた「青空宣伝社」がこの地にあったためである。1981年当時の天下茶屋は、今とは比べものにならないほどに猥雑《わいざつ》な町だったという。

――京都から大阪の天下茶屋にやってきて、すぐに慣れましたか?

40年前というとね、あのあたりはまだ、世間の流れに取り残されながらもコミュニティーが残っていたんですわ。飲み屋さんも銭湯もたくさんあって、みんなほとんど半径50メートルから出ずに生活できていた。飲み屋で話を聞くと、「警察につかまったときにピストルを盗んだことがある」なんていう武勇伝を話す人がいてね。謝って返したら許してくれたというんですけど、今だったら絶対にあり得ない（笑）。でも僕の祖母の出身である九州の飯塚《いいづか》という炭鉱町も、僕が育った福岡の西新《にしじん》という町も、同じように飲み屋があって荒くれものがいるような土地だった。だから天下茶屋に来てホッとするような、懐かしいような気持ちがありました。

――当時の西成のあたりはどんな様子だったんでしょうか。

この前行った萩之茶屋なんかは、とてもじゃないがちんどん屋が足を踏み入れられるような場所ではなかった。酔っ払いばかりでね。晴れた日でも地面がぬるぬるやったんよ。嘔吐《おうと》物と酒と小便でぬるぬるしてた。今は乾燥してるでしょう。ようあそこまできれいになったと思います。動物園前の方ですら、立ち飲み屋がずらーっと並んでいて、とにかくたくさん酔っ払いが寝ていてね。男娼《だんしょう》がドレスを着て立っていて、僕がピエロの格好で青空宣伝社の仕事に行こうとするときに、よくひやかされました。

——今とはまったく違うんでしょうね。

全然変わった。もうそういう人はみんなこの世にいなくなったんですわ。20年ぐらい前までは、ちんどんをやってても、10人ぐらい酔っ払いを引き連れて歩くことになってね（笑）。「おらぁ！　俺が宣伝したるわ！」とか、「ビラ貸せ！　俺が配ったるわ！」とか言うて、そんなふうにしてビラを配っても誰もその店には来ないですよ（笑）。「なんじゃこらお前！」とか言って通行人といちいちケンカするしね。今はそういう人はほとんどいなくなった。人口密度も全然違う。住んでいる人も減ったし、高齢化した。前は30代、40代の人が多かったからね。

——それでも林さんにとっては居心地のいい場所だったわけですね。

僕は高校に入ったときにまわりがエリートばっかりでね、自分は勉強も運動もできない、なんの役にも立たないと自己嫌悪に陥っていた。それが大阪に来て、成績と関係ない世界にやっとたどり着けたと思った。無職で年金ももらえない人がいても、堂々として幸せそうにしている。世の中の流行だとか、そういうものとまったく関係なく生きている人々が

「ちんどん通信社」の事務所にて、林幸治郎さんにお話を伺った（2021年6月撮影）

いるんだなというのを知ったんです。まあ、靴を脱いで上がるアパートを出たら靴がなくなっていたこともあったし、自転車も盗まれたことがあった。油断も隙もないけど、愛すべき町だった。

――今、西成で「まちまわり」をしていてどう感じますか。

みんな高齢化しているからね。フォーク世代の人がもう70代になったりしているから、「『いちご白書をもう一度』をやってくれ」とかゆうてくるおっちゃんがいて、リクエストにこたえると１００円くれたり５００円くれたり、あるいはその辺で30円で売っている缶コーヒーを買ってくれたりする。それは、単純に人に施すと自分に返ってくるという日本古来の考えもあるんでしょうけど、やっぱり「本当の自分はこうじゃなかった」という思いを抱えている人が多いんですよ。ここにいるのは落ちぶれた人たちだと思われがちですけど、もとはと言えば、ひとかどの人物ばっかりなんですよ。とび職でかつてはバリバリやっていたとか、昔はヤクザでブイブイいわせていた人が今はよれよれになっていたりする。中小企業の経営者もいるし、お医者さんもいましたよ。思わず「うそでしょ！」ってゆうたらドイツ語しゃべってたから、「じゃあ本当なんやな」ゆうて（笑）。

——いろいろな歴史を経てきた人たちがいると。

着ている服とか、見た目とか、そんなんで判断して接したらいけないんです。道端で寝てる人がいたとして、そのスペースはその人の家なんですよ。塀や生け垣こそないが、その人の家なんですよ。だから僕たちがちんどんでまわるときでも「ちょっとお宅の軒先を通らせていただきますよ」っていう気持ちでやらないと失礼なんです。それはどこの町でも同じですけどね。世阿弥《ぜあみ》が芸とは「衆人愛敬《しゅにんあいぎょう》」だと言っています。これは愛想をよくしなさいとかいうことではなく、人を見たら愛情と敬う心を持ちなさいということだと思うんです。お客さんを尊敬するということですね。神様がたまたまこういう姿をして目の前にいると思って接する。そうしていると向こうも僕らに敬意を持って接してくれる。それぐらいじゃないと心は通じないですよ。

――コロナ以降の変化についても伺っていいでしょうか。

毎年必ずあると思っていたイベントやお祭りごとが全部なくなるわけです。30年ぐらい毎年行っているようなものがたくさんあった。近所の祭礼であったり、富山の「全日本チンドンコンクール」であったり。それがなくなってショックでしたね。最初は風邪の一種やと思っていたから、暖かくなったらもとに戻ると思ってた。気楽な感じやったんです。それがそうならないとわかった。でも、よう考えたら、僕がこの世界に入った1981年当時も土日祭日は仕事がなかったんですよ。商店街とか市場の仕事はだいたい平日で、それがその後、ちんどん屋のことを世の中の人が知って、土日にやっているイベントに呼ばれ出した。だから、それがなかった以前に戻ったなと感じましたね。

――なるほど。キャリアの原点に戻ったような。

そのころはケータイ電話がこんなに普及するなんか思ってもいないし、コピーやファックスらあまりなかったんですよ。まったく想像もできなかった時代に今なっているわけやから、これからもたぶんそうなるだろうし、自分の小さな頭で未来を予想しても仕方ないなと。ケータイ電話が出始めたころ、「こんなん普及するわけない」と思いながら宣伝してましたから（笑）。「そもそもドコモという名前が悪いわ！　覚えられへん」とか言うてね（笑）。「メール？　口で言うた方が早いやろ」とか（笑）。

――確かに今後どうなっていくかは、まったくわからないですよね。

「まちまわり」をしていたら、自分たちを見ている人もいれば通り過ぎる人もいる。物陰から見てる人もいる。これは舞台でも同じで、「早く終わらんかな」と思って見ている人もいる。トリの落語を目当てにしてる人もいるし、寝ている人もいる。かといってこの人を起こすようにやったらダメなわけです。軽く聞き流したい人にはそう聞こえなあかんし、寝てる人は起こしたらあかん。その気配りはどちらも同じなんですよね。昔は商店街やったらとにかく派手にやらなあかん、人ごみに負けないようにしないと、と思っていたけど、今はどこに行っても人ごみなんかないしね。そしたらもう、ここでいい音楽をやって、いい感じで歩いて、「わあ、いいもの見たなあ」と思われながら通り過ぎることができたらいいなと、そういうことをコロナのおかげで再確認できた気がしています。

――貴重なお話、ありがとうございました。

林さんがちんどん屋を志した1981年当時、すでにちんどん屋は〝珍しいもの〟とされていたらしい。それより25年以上も前の1955年に富山で「全日本チンドンコンクール」が始まった背景にも、「近頃ちんどん屋を見なくなった」という危惧があったという。さらには、明治末期の文献にはすでに「最近では楽隊広告も見られなくなった」というようなことが書かれているんだとか。

つまりちんどん屋はいつの時代も〝珍しいもの〟とされてきたのである。「ちんどん屋は、いわば時空を超えた存在なんです」と言って笑う林さんは、きっとこの先の未来も変わらぬゆったりとした足取りで、賑やかに進んでいくのだろうと思った。

第12章

〝自分たち世代の大衆酒場〟を
追求する「大衆食堂スタンドそのだ」

谷町六丁目にある「大衆食堂スタンドそのだ」の外観（2021年7月撮影）

大阪の居酒屋情報に詳しい人で「大衆食堂スタンドそのだ」の名前を聞いたことがないという人はあまりいないのではないだろうか。

「大衆食堂スタンドそのだ」は2016年に大阪市中央区の谷町六丁目にオープンした飲食店。老舗大衆酒場のエッセンスを感じさせつつもそれを今なりの解釈でアレンジした店づくりが特徴的で、開店当初から行列ができるほどの人気店となり、アジア料理に特化した姉妹店「台風飯店」とともに、大阪を中心に福岡、東京にも支店を増やしつつある。

2021年3月には心斎橋パルコの地下2階にオープンした飲食店フロア「心斎橋ネオン食堂街」に業務協力店を出し、同年9月には東京・五反田にも業務協力店を出店した。コロナ禍にあっても勢いを感じる「大衆食堂スタンドそのだ」を運営する株式会社FER代表取締役・園田崇匡《たかまさ》さんに、お店のこれまでの歩みや、コロナ以降どんなことを考えているのかなど、さまざまな点についてお話を伺いたいと思った。

さまざまな年齢層が交ざり合う居酒屋

私も「大衆食堂スタンドそのだ」にはこれまでに何度も足を運んでいる。オープンから間もないころ、「谷六《たにろく》（谷町六丁目のこと）に『そのだ』っていういい飲み屋ができたらしいよ」というような噂《うわさ》を複数の友人から聞いた。実際に行ってみると、大きなコの字カウンターや壁にずらっと並ぶ短冊メニューなどの大衆酒場的な要素と、鮮やかなネオン看板、飲み物の入ったグラスなどに感じるオシャレな雰囲気とが違和感なく共存していて、新鮮なバランスだと感じた。

また、メニューを見てみても、いわゆる居酒屋の定番メニューとは違って、「アンチョビ煮卵ポテトサラダ」「セロリナンプラー漬け」など、一ひねりされたものが多く、注文して実物を味わうたびに新鮮な驚きがあって楽しい。

東京の老舗酒場で愛されている「バイスサワー」をアレンジしたピンク色の飲み物「バイス」や、よだれ鶏と豆腐にパクチーをこれでもかとのせた「パクチーよだれやっこ」など、見た目からして印象的なメニューも多く、SNSを通じて店の情報が広がっていきやすい今の時代にも合っている。また、どのメニューも価格帯はあくまでリーズナブルに抑えられていて、フラッと1杯飲みにいくといった感覚で立ち寄れる雰囲気である。多くの

店内には明るいうちから幅広い年齢層の客が集う（2021年７月撮影）

パクチーがどっさりのった「パクチーよだれやっこ」（2021年７月撮影）

人が締めの一品として食べていく「中華そば」も名物だ。

「大衆食堂スタンドそのだ」の客層は年齢の幅が広く、地元の方らしき老夫婦が静かに飲んでいるかと思えば若い女性たちが料理を嬉しそうにスマホで撮影していて、その隣ではスーツ姿の一人客が仕事終わりの時間を楽しんでいたりする。こんなふうにさまざまな年齢層が交ざり合う居酒屋は他にはあまりないような気がして、その点も新鮮に感じた。

うちらみたいな居酒屋は「死ね」って言われてるのと同じなのかな

オーナー・園田崇匡さんによると、「大衆食堂スタンドそのだ」は〝自分たちの世代の大衆酒場を作りたい〟というコンセプトから生まれたものだという。

サラリーマンをしていた園田さんが飲食業界に足を踏み入れることになったのは、音楽イベントの会場内に設けられたフードコーナーでラーメンを作ってふるまったことがきっかけだったそうだ。音楽好きの園田さんはＤＪとして大阪のクラブに出演していたが、あるとき、ふと、ＤＪではなく自分が好きなラーメンを作るという形で参加してみようと思った。園田さんの出身地は広島県福山市。地元の「一丁」という店のラーメンが大好きで、それをイメージしつつ、いわゆる「尾道ラーメン」のスタイルを踏襲して自分なりに仕上げたラーメンが予想以上の好評を得たという。

以降、あちこちのイベントで同じようにラーメンを作るようになり、それを食べた人々の絶賛の声に背中を押されるようにして脱サラし、神戸に「中華そば そのだ」をオープンしたのが2012年のことだった。開店当初は客足が伸びず、飲食業界の厳しさを身をもって知ることになった。1日の客が3人で、売り上げが2000円ほどの日もあったという。

しかし、音楽仲間たちが足繁《あししげ》く通ってくれたこと、SNS上で店の情報を広めてくれたことなどもあり、なんとか店を続けることができた。2013年には大阪市の玉造《たまつくり》に店を移転し、そのころからラーメン店とは別に居酒屋を開店することを考え始めたという。

まずはその当時のことについて園田さんにお話を伺った。

――「大衆食堂スタンドそのだ」を始める際、どんな店を作ろうと考えていたんでしょうか。

「大衆食堂スタンドそのだ」のオーナー・園田崇匡さん（2021年７月撮影）

その当時（２０１３～15年頃）、大阪では魚と日本酒をメインにして、接客に力を入れているようなお店が流行《はや》ってたんですよ。そういう店の逆張りをしたっていう感じがあったんです。肉とレモンサワーと不愛想みたいな（笑）。まあ、不愛想ということはないですけど、お客さんにぴったりついて接客するような感じじゃなくて、もっとニュートラルに入れるような店にしたいと。

個人的に独身サラリーマン時代が長かったんですけど、仕事で疲れてるからしゃべりたくないっていうときもあるじゃないですか。久々に行って「最近来てくれんやん」

とか言われるのがすごい嫌で（笑）。チェーン店の「やよい軒」みたいな、ああいう場所で飲んでいる方が落ち着くんで、それを目指したところもありました。

――店を出す場所として谷町六丁目を選んだのには理由があったんでしょうか。

大阪の地形もあるんでしょうけど、玉造って知り合いが全然来てくれないんですよね。心斎橋あたりからだと坂を上がって下りなあかんじゃないですか。友達でも来てくれないんやなと（笑）。それで、場所は大事やと思って、ちょうど谷六でいい物件が空いたので、そこでオープンしたのが２０１６年です。谷六だと心斎橋から坂上がってくるだけなんで、後は下って帰れるじゃないですか。それもあってオープンから予想以上に人が来てくれました。

――「大衆食堂スタンドそのだ」は大衆酒場っぽくもあるし、新しい要素もあって、そこが独特ですよね。

店を出す前から、東京に毎週のように行って、特に東京の東側の大衆酒場でよく飲んでたんです。東京だったらチューハイが焼酎と割りもの別々に出てきて「ナカ」「ソト」って呼ばれてるとか、バイスサワーがあったり、コの字カウンターもそうですし、かなり影響を受けましたね。南千住の「丸千葉」とか。あと、地元の福山にある「自由軒」っていう店もすごく好きで、そこもイメージしました。古い大衆酒場が好きなんですけど、そういう店ができた当時ってたぶん、30代とか40代の人が店をやって、客もそれぐらいだったと思うんです。そのころはあれが新しかったはずなんですよね。だから、今の自分たち向けの大衆酒場が作りたいと。たとえば今の30代だったら、パクチーとか山椒《さんしょう》とか香辛料系が好みの人が多いからそういうメニューを作ろうとか、そういうことを考えました。

――ここ数年、「大衆食堂スタンドそのだ」に影響を受けたお店がすごく増えた気がするんです。そういう店は「ネオ大衆酒場」と呼ばれたりしていますけど、それについてはどうでしょうか。

正直、その言い方はサムいというか、好きじゃないんですけどね（笑）。一つ思うのは、自分たちはそこまで若い人に媚《こ》びた感じにしてないつもりなんです。おじさんも入りやすい店を目指したんで、そこら辺は今増えている店とは違うかなと思います。でも、第一人者としてやってるんで、だからこそ潰れるわけにはいかんっていうのはありますよね。

――「大衆食堂スタンドそのだ」も「台風飯店」もコロナ以降に支店が着々と増えていま

す。この時期（２０２１年７月）でも勢いが変わらないように見えます。

系列店も入れると今で15店舗あるんですけど、うちは宴会客頼りじゃないので、そこが大きいかもしれないですね。コロナがなかったら、もっと今よかったかなとも思うんですけど、まあしょうがないですね。とにかく今は、働いてくれてるみんなの給料ももちろんですけど、ボーナスも払いたいし、とにかく経営を安定させたいです。

――次々に状況も変わるし、お酒を出すお店は本当に今、大変ですよね。

あんまり自分は声高にこういうことは言いたくはないんですけど、補償金も入ってこないし。博多でも今「大衆食堂スタンドそのだ」と「台風大飯店」をやってるんですけど、そっちの補償はすぐ入ってきたのに、大阪はまだで。今のルールって、うちらみたいな居酒屋は「死ね」って言われてるのと同じなのかなと思ってます。だけど「死ね」って言われたからって死にたくないじゃないですか。だからなんとか自分らなりにやっていくしかないです。

――大阪の古い酒場には刺激を受けますか？

ここ（京橋の「京屋」）なんかもう、天然ものですからね。好きですね。うちなんか養

2020年12月にオープンした「スタンドそのだ」「台風飯店」の天王寺店（2021年７月撮影）

殖ものだと思ってますから（笑）、まだまだです。でもこういう天然ものの店が減ってきてるなっていう感じはしてますね。鶴橋とか今里《いまざと》、深江橋《ふかえばし》あたりはまだまだ面白い店がありますけど。

——大阪に今後もお店を増やしていく予定はありますか？

　天王寺に「スタンドそのだ」と「台風飯店」を出したんですけど、僕は大阪で、天王寺のあそこが一番いい場所だと思っていて、あそこができてたらもういいかなっていうのが正直ありますね。これ以上ない場所に出せたんで。

　大阪に長く住み過ぎてしまったかなと

いう気持ちがあるんです。土地勘がつき過ぎて、ここに店を出したらいかんとか、そういうことがわかってきて、冒険ができなくなってきて。今は博多の店の方に行って、博多の人とか店からいろいろヒントをもらってる感じです。

古い食堂をリニューアル

インタビューの数日後、「大衆食堂スタンドそのだ」の系列店である天王寺区上本町の「ニュー正富《まさとみ》」という店を訪れた。この店の前身は「正富」という、戦前に創業された古い食堂だ。「正富」は2019年の3月に惜しまれつつ閉店したのだが、常連客の一人だった園田さんがサポートする形で、「ニュー正富」として同年6月にリニューアルオープンした。

園田さんは「ここはなくなったらいかんと思って。地元で好きだった中華料理屋が肉バルとかになってるのを見て、何度も悲しい思いをしてきたんで」と、その動機について語っていた。「正富」のメニューを8割ほど引き継いだ上で、そこに「大衆食堂スタンドそのだ」のメニューを追加し、長年「正富」の名物女将《おかみ》として活躍してきた野田生子さんもそのまま店に立ち続けている。

「ニュー正富」の店内は「大衆食堂スタンドそのだ」とは打って変わって落ち着いた雰囲気。甘いダシがクセになる名物の「肉うどん」をはじめ、和食、洋食、中華料理がメニューに並ぶ。

味のしみたおでんや、若いスタッフに女将が直伝したゴーヤーチャンプルーなどをつまみつつ飲んでいると、人なつっこい大衆食堂の空気に体が馴染んでいくのがわかる。好きな店がいつまでもなくなって欲しくないという気持ちは誰にでもあるものだと思うが、園田さんのようにそのために行動を起こせる人はそういないだろう。

気づけばあっという間に19時となり、女将が店内の客に「お酒、もう飲めないですけどいいですか？」と聞いてまわる。取材当時の大阪府内にはまん延防止等重点措置が適用され、酒類の提供が19時までと定められていた。女将は「これ言うの、毎回辛いわー。本当は言いたないねん」と、申し訳なさそうな表情を浮かべていた。


数日後、私は大阪の一大繁華街である天満の町を歩いていた。用事を済ませた帰り道で、

のれんと看板以外は店の外観もほぼ昔のまま残してある「ニュー正富」
(2021年7月撮影)

「こんなときにやらんでもと思うけど、見たら応援してまうねんな」とテレビの東京五輪中継を見る女将(2021年7月撮影)

時刻はすでに21時を過ぎていたのだが、驚いたことに営業中の居酒屋が多数あるではないか。どの店も店内は多くの客で賑わい、テーブルの上には瓶ビールが並んでいる。数カ月前に同じエリアを歩いたときはこの時間になると町は眠ったように静かだったが、どうも潮目が変わったように感じた。

園田さんが言っていたように、多くの居酒屋はきっと「死ね」と言われているに等しい状況なのだろう。要請に従うより、リスクを負っても店をあけて生きる道を選んでいるのだろうと思う。補償も不十分で、そもそも対応速度が遅いと聞くし、この状況を咎《とが》める権利は少なくとも大阪府にはないのではないかと感じた。

２０２１年８月２日から、大阪府は再び緊急事態宣言の対象地域となった。大阪の町はどんな様子になっていくだろうか。これからも私なりに見ていきたいと思う。

第13章

朝6時から365日営業し続ける
銭湯「ユートピア白玉温泉」の今

大阪市城東区の銭湯「ユートピア白玉温泉」（2021年8月撮影）

エステもサウナも露天もプールもある「町の銭湯」

東京から大阪へ引っ越してきて驚いたことはいろいろとあるが、「やたらとサービス精神旺盛な銭湯が多い」というのもその一つだ。

浴場の中に薬草風呂、電気風呂、ジェットバスなどさまざまな浴槽があり、露天風呂がある銭湯も少なくない。また、ロビーで飲み物や食べ物を販売しているところも多く、生ビールサーバーが設置されている場合もある。いろいろなお風呂を入り比べることができ、風呂上がりには冷たい飲み物でも飲みながらゆったり過ごすことができるわけである。いわゆるスーパー銭湯や健康ランドであれば、敷地が広くて湯船もたくさんあり、サービスも行き届いていることが多いが、それに負けないぐらいのものが町の銭湯にあるのだ。入浴料金は大人450円である（2021年10月1日に入浴料が改定され、大人490円に値上がりした）。

もちろん、どこでもそうだというわけではなく、中には湯船が一つあるだけのシンプルな作りの銭湯もあるが、私の歩き回った範囲では「そこまでしなくても」と思うほどにエ

「ユートピア白玉温泉」の浴場内（画像提供：ユートピア白玉温泉）

取材時は酒類の販売が休止されていた（2021年８月撮影）

ンターテインメント性の高い銭湯が大阪には多いように感じられる。

大阪市城東区《じょうとう》にある「ユートピア白玉《しらたま》温泉」は、まさに私のイメージするサービス精神旺盛な大阪の銭湯だ。浴場内にはメインの湯船の他、エステ風呂、電気風呂、サウナ、水風呂、座り湯、寝湯、露天風呂がある上、子ども向けのプールまである。水風呂には天井から伸びたパイプが定期的に氷を落とす仕掛けになっており、絶えずキンキンの冷たさがキープされている。子ども向けのプールでは、いつ行っても元気な子どもたちが大はしゃぎしている。

ロビーでは牛乳やラムネだけでなく、缶ビールや缶チューハイ、生ビールが販売されていて（緊急事態宣言発令中は販売を休止している）、焼きそばやピラフなどの軽食も提供される。

菖蒲湯《しょうぶゆ》やひのきの湯に入れる季節ごとのイベントも開催されるし、「ランナーズ銭湯」といって、周辺を走るランナーたちがユートピア白玉温泉の脱衣所を使って着替え、走った後にお風呂で汗を流して帰れるという試みも展開されている。またすごいのが、その営業時間である。朝６時から深夜まで、原則３６５日無休で営業しているのだ。

ユートピア白玉温泉は私の住まいからもそれほど遠くない距離にあるため、たまに足を運んではのんびり過ごして日々の疲れを癒していたのだが、コロナ禍を迎えて以来、なかなか行くことができずにいた。最近の様子についても気になっていたし、どんな業界であれ新型コロナウイルスの感染拡大に大きな影響を受けている中、町の銭湯の視点から話を伺えないかとも思った。取材を申し込んだところ、ユートピア白玉温泉の2代目主人であり、大阪府公衆浴場業生活衛生同業組合の常務理事も務めている北出守さんにお話を聞かせてもらうことができた。

コンセプトは「ゆりかごから墓場まで」

ユートピア白玉温泉の前身となる「白玉湯」は、石川県出身の北出守さんの父が大正時代から続いていた銭湯を譲り受ける形で1963年に開業したという。その後、1989年に大規模な建て替えを行い、「ユートピア白玉温泉」と名を変えた。その当時のことから聞いてみた。

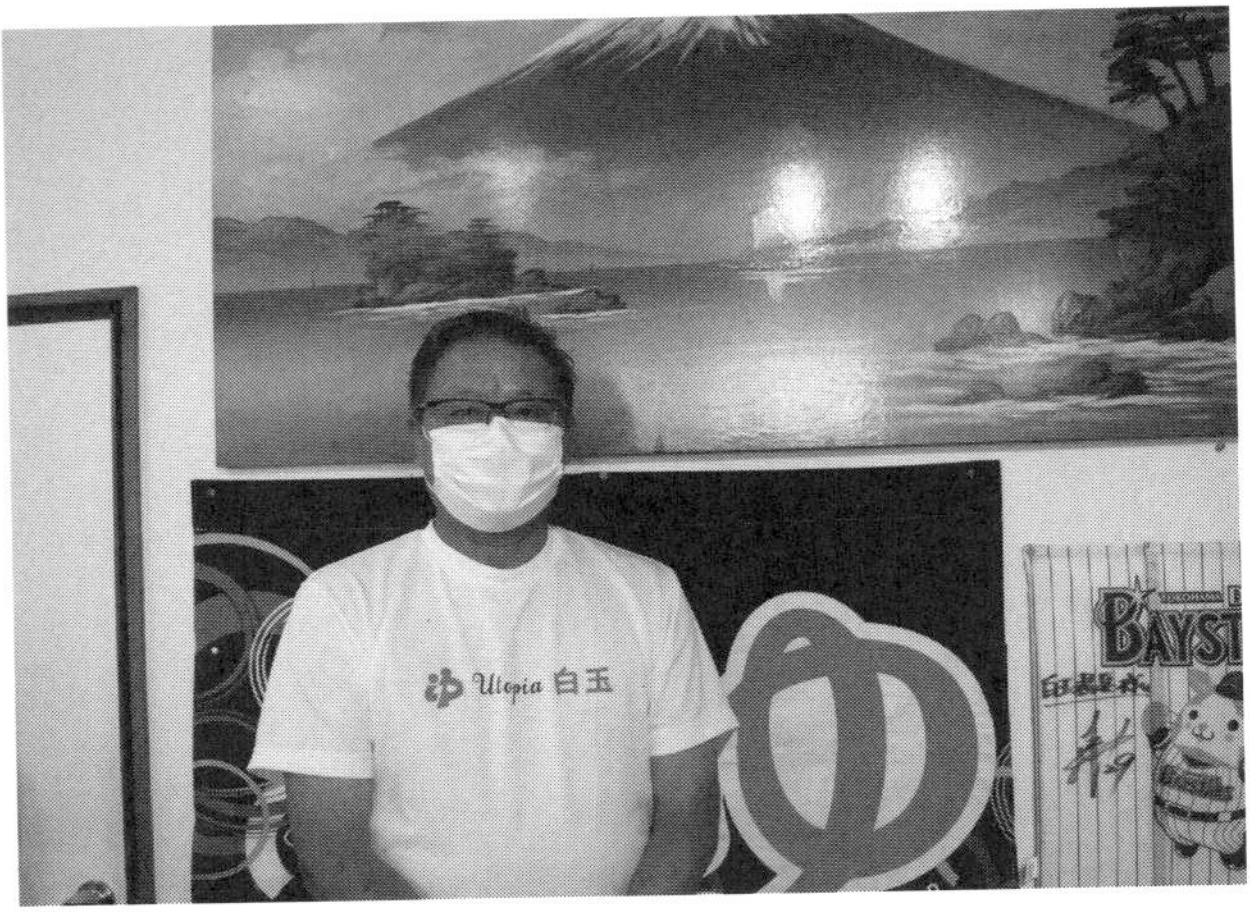
「ユートピア白玉温泉」を経営する北出守さん（2021年８月撮影）

――「白玉湯」は大正時代からすでに今と同じ場所にあったんですね。

そうです。父がそれを譲り受けるときに、前の経営者に「名前だけは変えんといてくれ」と言われたらしいです。

――北出さんのお父様がそこを譲り受けたのが１９６３年で、その後、１９８９年に建て替えをして今の形になったということですよね。以前は割とシンプルな銭湯だったんでしょうか。

１階建てで、ほんまに昔の風呂屋ゆう感じでしたわ。これはそのころの写真です（次頁）。

これはタイル絵ゆうて、タイルを貼って

かつての白玉温泉の様子（画像提供：ユートピア白玉温泉）

描いた絵ですね。もっと昔はペンキ絵があってね。絵師の人がその絵を描いているのを見ていた覚えもあるんです。大阪でペンキ絵の残っている銭湯は今は少ないんやけど、そのころは絵師さんが結構いてはったらしい。やけど、だんだんタイルを貼って絵にする、タイル絵ゆうのが主流になっていったんです。タイル絵は最初作るときは高いねんけど、塗り替えせんでええからね（笑）。ペンキ絵は5年ぐらいで描き直さなあかんのです。そんなんもあって大阪の銭湯はどこもタイル絵にしはったんです。

——今のユートピア白玉温泉さんには丸山清人《きよと》さん（数少なくなった現役の銭湯ペン

キ絵師）が描かれたペンキ絵がありますよね。

そうです。昔の白玉温泉にペンキ絵があったし、もう一度復活させようかと5年前に描いてもらいました。

――シンプルだったかつての白玉温泉を大規模に改修したのが1989年とのことですが、そのときは北出さんはすでに2代目として関わっていらしたんですか？

はい。当時25歳か26歳で、最初の計画のときから関わってましたね。それまで大学出てサラリーマンを3年ぐらいやったんですよ。マネキン屋ゆうてね、デパートとかスーパーの衣料品売り場に置くようなマネキンのリース会社で働いてたんです。あるとき、1000万円ぐらいの大きな仕事を自分で担当したことがあったんですけど、それがめっちゃくちゃしんどかったんですよ。いろいろやることが多くて、こんなしんどい思いしても給料は一緒やと（笑）。同じしんどい思いするんやったら親の風呂屋があるし、イチからそっちでやった方がいいわと思ったのがきっかけでしたね。

――北出さんが2代目になることが決まって、それで改修したということだったんですね。

そうそう。そのときね、これからの風呂屋は駐車場がなかったらあかんなと思ったんで

丸山清人さんが「ユートピア白玉温泉」のペンキ絵を制作する風景（2016年12月撮影）

す。地元のお客さんだけやったらあかんわと、やっぱり遠方から来る人も見込んでね。ところが、バブルの影響でそのころめっちゃ土地代が高かったんですよ。これでは駐車場のスペースが確保でけへんと。それで1階を駐車場にして風呂を2階にしたんですよ。その当時、2階の銭湯なんかなかったんです。最初は「そんなもんできるか」とかいろいろ言われたんです。「絶対水漏れするぞ」とか「階段で上がるような風呂、年寄りけえへん」とか（笑）、いろいろ言われました。

——かなり画期的な作りだったんですね。

あとはその当時ちょっとしたブームがあってね、健康ランドっていうのが流行ったんですよ。ここらでゆうたら京橋の「グランシャトー」（都島《みやこじま》区にあるレジャービル。その1フロアに大浴場やサウナがある）とかね。そういうのがポンポンと出始めて、その当時でも入浴料が1500円とか2000円はしたんですよ。サウナとお風呂があって、休憩スペースがあってというような。そういうところに試しに行ってみたら、内装のデザインとかはちゃうけど、中身は銭湯と一緒やなと思ったんです。水をきれいにする濾過《ろか》機だとか、そういう設備はほぼ一緒なんですよ。その当時、銭湯の風呂代が230円やった。「10倍ぐらいの料金でも商売になるねんな」と思ったんです。銭湯は当時から斜陽産業とか言われとったけど、やり方によってはいけるんやなと。

――なるほど、健康ランドを参照したからこんなにいろいろなお風呂があって、ロビーもゆったりした銭湯になったわけですね。

コンセプトとしたら「ゆりかごから墓場まで」、子どもから年寄りまで、どの年代でも楽しめるお風呂にしようと。それでサウナも作ったし、プールもそう。湯船で遊んだら怒られるけど、子どもはそらまあ、遊びたいでしょ。せやからプールで囲って、その中では遊んでええでと。高齢の人はゆっくり長く入りたいやろうから露天風呂やなとか、女の人にはエステ風呂が喜ばれるんちゃうかとか。みんなが楽しめそうなものを一通り入れていったんやね。

「これからはヘルスケア。湯治ですわ」

――確かに、ここに来るといつも幅広い年齢層の方がそれぞれの楽しみ方でのんびりしている印象があります。

あとはね、だいたい風呂屋ゆうたら14時とか15時にあけて23時ぐらいまでゆうのが多かった。銭湯は昔は「労働の再生産」ゆうてね、働く人がお風呂に入って体をきれいにして、寝てまた新しく仕事をする。労働力を再生産するための場所やとよう言われてた。それやったら、夜中に働いてる人もおるやろうと。絶対需要あると思って、いわゆる長時間営業をすることにした。朝6時オープンで午前2時まで。せやから次の朝までの4時間の間に掃除をするという（笑）。365日休みなし、根性でね。それぐらいせな、改修にかかった借金を返済できへんしね（笑）。まあ、今はコロナで時短営業して、夜は午前1時までやけど。

——考えただけでもハードそうですが、お客さんにすれば、いつ行っても開いているありがたい銭湯というわけですね。

融資を受けるときに、銀行の支店長に「絶対ゴルフやったらあかんで」って言われた。「なんでなんですか」ゆうたら、銭湯を遅くまでやってるもんが朝からゴルフ行って、また晩から仕事して、そんなん続けたら死ぬでって言われて（笑）。

——笑っていいのかわからない話です（笑）。そうやって365日、それこそ元旦でも開けているユートピア白玉温泉ですが、コロナの影響はやはり大きかったですか？

最初のころ、去年（2020年）の5月ぐらいはお客さんもガタッと減って、世間もピリピリしとったでしょう。ものすごい恐ろしいことになるんちゃうかという感じで。それで「もういっそのこと休んで、これを逆手にとって改装したれ」と、サウナの中を張り替えたりね、自分らの手でやってましたね。

——お休みを改修工事に当てていたんですね。その後はいかがでしたか。

その後はね、Go To トラベルがあったでしょ。あのころになったらお客さんの行動が変わったというか、最初のころほど怖がらんようになった。お客さんの入りも戻ってきたような感じでしたわ。まあ、コロナ前を10としたら1割ぐらいは少ないですよ。でも他の業者さんのこと思ったらね、飲食店や宿泊業なんかしんどい思いしてはるからね、うちらが1割ぐらい減ってギャーギャー言うたらあかんわと思ってますけどね。

——酒類の提供ができなくなったり、いろいろとその都度対応することが多くて大変ではないですか？

そうやね。マスクもねぇ、風呂で汗かいて、マスクすんの嫌やろなと正直思うけどね。でも、ペラペラ喋ってる人がいたら注意したりとかね。あとなんや、オゾンの発生器みたいなの付けてみたりね。「これほんまになんか出てるんやろな！ 見えんからわからんわ！」ゆうて（笑）。

——コロナ以降もご常連さんは変わらずいらしてますか？

常連の人はね、コロナであろうがなんであろうが、とにかく風呂入れんのが一番あかんゆうてね（笑）。中には体悪い人なんかもいてね、医者から「毎日汗をかきなさい」と言われてるから、「サウナ入られへんかったら死にそうや」ゆうて（笑）。お風呂ゆうのは、

「ユートピア白玉温泉」の隣には「しらたま鍼灸整骨院」があり、北出さんがヘルスケアに力を入れていることがうかがえる（2021年８月撮影）

ある意味、ヘルスケアなんですよ。お風呂が好きで毎日入ってる方は、高齢でも顔色ええしね、健康とお風呂ゆうのはものすごいつながってるんやなと思いましたね。

――確かに、なかなか外に出かけることもできませんし、きっと銭湯へ行くのが大事なリフレッシュの時間になったりしているんでしょうね。

次に改装したら、もっとヘルスケアの方に力を入れようかなと思ってるんです。湯治ですわ。毎日うちに来て湯治してもらって、そうすれば医療費も削減できるんちゃうかって。国に寄与しよかなと（笑）。昔は「労働の再生産」って言ってたけど、これからの銭湯は美容と健康がキーワードになるんちゃうかなと。

――北出さんは「大阪府公衆浴場組合」の常務理事もされているとのことですが、大阪府の銭湯全体を見ていて感じることはありますか？

みんな頑張ってはるからコロナによっての大きな変化はほとんどないけど、組合員の減少は歯止めがきいてないところもある。原因はやっぱり高齢化ですよね。跡継ぎがいない。あと、施設の老朽化やね。たとえばボイラーが壊れたとか、濾過機が壊れたゆうたら、あんなん500万はかかりますわ。故障したときにかかるお金が飲食店の設備とかと桁が違うんでね。そやけど売り上げは一緒でしょう。新規の設備投資、修理ができない。「今度ボイラー壊れたらやめよか」ってなってしまう。

――いきなりそんな大金払えないですもんね……。

ようやく大阪市で、公衆浴場は公共財やと、それがないと生活に困る人もおると認められてきて、ボイラーとか、濾過機とかポンプとか、これがなかったら商売できないというような物の維持補修には補助が出るようになった。そんなんもあって市内の廃湯数は歯止めがかかりつつある。市内はいいんやけど、かわいそうなのは郊外ですよ。郊外の銭湯はガタ減りですね。

――そう聞くと、もっと広く補償していって欲しいなと感じます。大阪の銭湯を他の地域と比べたときに感じる、印象のようなものはありますか？

大阪の銭湯は費用対効果にシビアな経営というか、お金をかけるかわりにアイデアを活かしてやっているところが多いと思いますね。逆転の発想を活かしてあっと驚くようなやり方で道を開く。東京のように補助金をたっぷり使うことはできないし、イベントなんかも自前でやってます。そういう姿勢でやっている若手の経営者の仲間も出てきてますね。

――ユートピア白玉温泉は息子さんたちがすでに3代目としてお手伝いされているんですよね。

長男と次男が手伝《てつど》うてくれてます。ツイッターのアカウントを作ったり、ホームページ作ったりね。「やる気あるんやったら今は物置になってる3階を改修しようか、どうする？」ゆうたら「やるで」ゆうから「そのかわり全部お前らの責任やぞ」と（笑）。3階をうまく使っていくゆうのも今後考えていることやね。

――心強い跡継ぎがいらっしゃるので安泰ですね。でも北出さんもすごくお元気そうですし、2代目としてまだまだ現役ですよね。

まあ、遊びたいけどね（笑）。でも貧乏性ゆうかね、「今日はなんもせんでええよ」言われても、なんかしてないとね。

――コロナの中でも以前と変わらないユートピア白玉温泉の様子を伺えてよかったです。

それはもう、お客さんのおかげですよね。「みんなお風呂好きやねんな」とつくづく思いますわ。こもった陰鬱な気分が晴れるゆうか、そういう場でもあるんやなと。

――今日はありがとうございました。

北出さんのお話にあったように、新型コロナウイルスの感染拡大によって客足が遠のき、マイナスの影響はもちろんあった。しかし同時に、この窮屈な毎日の中で、町の中に銭湯があるということの重要性がいよいよ強く感じられる機会であったのかもしれないと感じた。

久々に訪れたユートピア白玉温泉は、かつてと変わらず癒しを求めにくる入浴客で賑わっていた。北出さんは今後のアイデアについてもいろいろ語ってくださったし、息子さんたちもそれをサポートしていくとのこと。２０２２年初頭から改修工事を始め、春には新しいことにチャレンジされる予定だという。

10年先、20年先のユートピア白玉温泉も子どもからお年寄りにまで愛される場としてあり続けるだろうと思えた。とにかく今はただ、早くかつてのようにロビーで生ビールが飲める日が来ることを願っている。

第14章

道頓堀を立体看板で
ド派手に彩る「ポップ工芸」

「元禄寿司道頓堀店」の立体看板は寿司を握る手がニュッと突き出す（2021年10月撮影）

大阪に観光に来たとしたら、多くの人がミナミの道頓堀を歩くだろう。「かに道楽」の本店があって、グリコ看板が見えるフォトスポットも近く、くいだおれ人形があって、両側にたこ焼き屋が並び、コロナ禍以前は真っ直ぐに歩くのが困難なほど賑わっていた通りだ。

私自身はそれほど頻繁に歩くわけではないが、たまに通りかかると、外部から見た大阪のイメージが結晶となって具現化されたかのような雰囲気に圧倒される。

道頓堀を歩いていれば必ず目に入ってくるのが〝立体看板〟だ。かに料理の有名チェーン「かに道楽」の本店に取り付けられた動く巨大看板は道頓堀のシンボルのようになっているし、それ以外にも両側から通りに覆いかぶさるように派手な看板がいくつも突き出している。

道頓堀らしい景観を生み出すのに大きな役割を果たしていると思われるこれら立体看板の多くを手掛けているのが、大阪府八尾市に工場を構える「ポップ工芸」だ。

ポップ工芸は1986年創業の看板制作会社で、大阪だけでなく日本全国、そして海外

道頓堀の名物店「金龍ラーメン」の立体看板を制作したのが「ポップ工芸」だ（2021年10月撮影）

向けにも立体看板を作っている。道頓堀を代表する立体看板である「金龍ラーメン」の龍のオブジェも、そのポップ工芸が制作したものだ。

聞くところによると、道頓堀に存在する立体看板の7割ほどはポップ工芸が作ったものなのだという。つまり、いかにも道頓堀らしいと感じる風景のうち、ある程度の部分はこの一つの企業の手によって生み出されているというわけだ。

道頓堀から観光客の姿が消え、以前の様子が信じられないほどになったコロナ禍のなか、ポップ工芸という企業がどんな取り組みをし、どんな展望を持っているのかを伺いたく、取材を申し込むことにした。

「カニもある、龍もある、じゃあうちも」

近鉄大阪線の高安駅《たかやす》から10分ほど歩き、静かな住宅街を抜けた先の大阪外環状線の通りに面してポップ工芸の社屋は建っていた。

入口の前にはポップ工芸が手掛けた立体看板が制作物のサンプルがわりに置かれており、「なんだか面白そうな会社だ」と思わせる雰囲気が漂っている。

お忙しい中、ポップ工芸の代表取締役・中村雅英さんとご子息で執行役員を務める中村健一郎さんのお二人が取材に応じてくださった。

最初に会社の沿革について伺ったところによると、20代のはじめから15年近く製薬会社でサラリーマンをしていた中村雅英さんは、毎朝決まった時間に起きなくてはならない生活が嫌で仕方なくなり、あるとき、会社をやめることを決意。たまたま手に取った新聞の紙面に看板制作会社の求人広告を見つけ、「ここに入れば後で独立して自分のペースで仕事ができるようになる」と考えたという。飲食店の開業に必要な調理器具や什器《じゅうき》などを扱

入口付近には「ポップ工芸」が制作した立体看板が並ぶ（2021年10月撮影）

う店が多く集まる「千日前道具屋筋商店街」の看板制作会社に入り、１年間で看板制作に必要な大まかな技術を学んだ。住まいから近かった大阪府枚方市に10坪ほどの事務所を構え、晴れて独立したのが、雅英さんが35歳のとき、１９８６年のことだった。

　それから10年ほどは、大手の看板制作会社の下請けという形でオーソドックスな平面の看板を手掛けていたが、１９９７年に突然、立体看板の制作依頼を受けた。発注元は道頓堀にある「金龍ラーメン道頓堀店」で、龍をかたどったインパクトのある看板を作って欲しいという依頼だった。

しかし、それまで平面看板しか作ってこなかった雅英さんには、立体物を作る上でのノウハウが一切なかった。当時、「かに道楽」の巨大看板はすでに存在していたそうだが、あれがどうやって作られたものなのか、情報もまったくない。そこからはまさに試行錯誤の連続だったという。

——どういう材料で作ればいいかもわからない状態でスタートしたわけですね。

大きい龍ですから、発泡スチロールで形を作ろうということでやったんですけども、FRP（繊維強化プラスチック）ゆう合成樹脂を塗ったら発泡スチロールが溶けてしまったんです。それで、なんか考えなあかんゆうことで、金網で形を作ってその上に樹脂（FRP）を塗って、そして彩色していくことにしました。最初は何もわからんから大変でしたね。

2カ月ほどの期間をかけ、なんとか無事に看板を制作することができた。その後も平面看板をメインに制作していたが、徐々に立体看板の制作依頼が増えていったという。「このままではどっちつかずになる」と考えた雅英さんは、2002年ごろ、ポップ工芸を立体看板専門の会社へとシフトすることを決めた。サイズの大きなオブジェを制作する機会も増え、2007年には工場を八尾市に移転し、広い敷地で作業ができるようになった。

——中村さんの制作物が評判になって、立体看板の注文が増えてきたのでしょうか。

評判になったんかは知らんけど、まあ結局、大阪の道頓堀のお店ゆうたらね、目立たしたいゆうんか、「カニもある、龍もある、じゃあうちも」ゆう感じで、うちも作りたいなっちゅう感じになったんちゃいますか。「あそこより目立つやつ作ったろ」ゆう感じでね。

——大阪以外に向けても制作をされているということでしたが、やはり、数としては大阪が多いですか？

国内は北海道から九州までいろいろやってますね。海外やとドバイとか、シンガポールとか、タイ、中国とかね。自分とこで作った方が早いんちゃうかと思うけどね（笑）。でもまあ、大阪は多いですね。特に派手な看板は道頓堀に集中的にあるからね。道頓堀のお店から依頼が来ると、こっちもちょっと力が入るゆうんかね、普通の看板はだいたいみな仲介の業者さん任せで「はい、わかりました。そのとおり作ります」ゆうて依頼どおりに作るんですけど、道頓堀に関しては、一応こっちからちょっかい出してる（笑）。「そんなんより、もうちょっとこんなんやりましょうよ」みたいなのはあります。

——ポップ工芸さん側から提案することもあるわけですね。

「せっかく道頓堀に看板つけるんやったら、ちょっとでも目立つようにしましょう」ゆうことでね。だから、元禄《げんろく》さん（「元禄寿司道頓堀店」。章扉写真）なんかも、もともとはお皿に2貫ずつ乗ったやつを6種類ぐらい並べるゆう感じで依頼がきたんですけど、「それやったら1個ボーンと大きいの作った方が迫力あるんと違いますか」ゆうことで作ったんですね。そして、それだけやったら面白くないからゆうて、手を後で付け加えたんです。

——あの看板は本当にインパクトがありますね。ああいう面白いものがあるおかげで、「道頓堀といえば立体看板」というイメージができあがっているような気がします。

看板出す店の人らが「目立たんからもうちょっと前に出したい」ゆうてお互いだんだん前に出て行くんですわ（笑）。

——もうあれは観光資源だと思います。あれがあるから「道頓堀に来たぞ！」と感じるというか。道頓堀だからこそのものだと思います。

まあ、大阪の人は笑わせるとか喜ばせるのが好きなんやろうね。目立ちたがりやからね。普通の場所やったら、「なんや、あのダッサいの」とか言われるかもわからん。それがないからね、大阪の場合は。「ダサければダサいほどええ」みたいな（笑）。

――ちなみにここ最近に制作された道頓堀の看板はありますか？

射的の店やな。ビリケンさんとか龍とか、いろいろごちゃごちゃっとつけて欲しいゆう注文でね。

――2020年の新型コロナ以降、お仕事の現場には変化がありましたか？

去年（2020年）はガタッと減りましたよ。ただ、コロナの影響で仕事は減ったけど、そのころ、作り手がやめてもうて人がおらんかったから、ちょうどよかったと思う。そのころに入った新人さん3人に集中的に作業を教えることもできたしね。

――2021年になって仕事量は戻ってきましたか？

うん。増えてきてるかな。なんかしら忙しいですね。さっきもゆうたけど、僕はもっと楽《らく》したいんですよ（笑）。月の半分しか仕事しないけど、そのかわり月の半分、仕事して

道頓堀に対する思い入れを語る中村雅英さん（2021年10月撮影）

コロナ禍に制作された真新しい立体看板（2021年10月撮影）

るときはみんなの倍はやってるゆうふうにしたいんです。ちょっとでも早くできるようにとか、いかに手を抜くかとか、そういうことばっかり考えてますよ（笑）。あいつは3日かかるけど、俺やったら1日でできるとか、いつもそう思ってますもん。

――人手が足りないときに依頼がたくさん来たら、一気にすごく大変になりそうですね。制作物の大きさもさまざまだと思うのですが、依頼内容に応じて制作期間もかなり違ってきますか？

だいたいこれぐらいやな、っていうのはすぐわかりますね。でもこういうのはキリがない。時間かければかけるほどどえぇのできるし、せやけどうちらは看板屋やから、そこまで手をかける必要がない。「どうせ高いところにつけるんやから、わからんやろ」ぐらいの（笑）。だから僕がここに来てスタッフにいつも言うのは「手ぇ抜けー！　手ぇ抜けー！」って。よその社長は「ええの作れー！　ええの作れー！」ゆうけど、僕は逆です（笑）。

――こういった看板は、設置するのは別の業者さんが担当されるんですか？

うん。基本的にうちは作るだけで、だいたい大きな看板屋さんを通して依頼が来るから、取り付けるのはその看板屋さんの方やね。僕が一人でやってた時分は、設置までみんな請け負ってたけどね。大阪だけじゃなく地方からの依頼も多くなったからね。地方やったら地方の看板屋さんが取り付けはるゆうことやね。

――ポップ工芸さんはあくまで立体看板そのものを作るところまでで、依頼元の看板屋さんがここに引き取りに来て取り付けるわけですね。

そうです。ここで引き渡し。取りに来られない場合は運送屋さんに頼んでね。やから、それがどこにどんなふうに付いてるかは知らないんですよ（笑）。ここで作った単品の状態はもちろん見てるんやけど、単品だけじゃあんまり面白ないよね。建物と一体になったときが面白いんやけどね。

「将来どうやって食うていこう」って考えたら何もできないですよ

雅英さんのご子息・中村健一郎さんがポップ工芸の社員になったのは２０２０年のこと。それまでは商社に勤め、ロンドンに駐在していたが、日本へ戻って働くよう内示があり、あまり気が進まなかったために退職することに。しばらくは自由を満喫しようと、奥様と共に世界一周旅行をしている途中で新型コロナウイルス感染症が全世界的に猛威をふるい

2020年から「ポップ工芸」を支えている中村健一郎さん（2021年10月撮影）

始めた。海外旅行を続けるのが難しくなり、日本へ帰国。そのころ、ポップ工芸は長く勤めていた職人さんたちが立て続けにやめてしまい、深刻な人手不足に悩まされていた。見かねた健一郎さんが、自分にできる範囲でサポートしようと入社することにしたという。

――健一郎さんは商社に勤めていらして、看板の制作は未経験だったわけですよね。

まったくノータッチでしたね。僕は制作はまったくしたくないんですよ（笑）。僕、事業会社の管理とかやってたんで、会社の管理的なこと、経理とか財務とか、そういうのはわかるんです。裏側でサポートして、その分、他のみんなに制作に専念してもらおうと思ったんですね。

——なるほど、あくまで裏側で支える役割なんですね。

ただ、制作の中には技術を必要とするものもあれば、ほとんど技術がいらないものもあるんです。そういうところは誰でもできるんで、忙しいときはそこを手伝おうっていうことで、たまたまこの1カ月間は忙しかったので、ものすごい作りましたけど。

——実際に作業をされたり、近くでお父様の仕事を見ていてどうですか？

しんどいですけどね、この仕事。汚れますし、薬剤の匂いはきついですし。納期がいつまでって決まっていてそれが短い場合、作業量的な限界があるから、早めようと思っても早められないんですね。どう頑張ってもできない。そういうときにどうするかっていったらもう徹夜するしかないっていう（笑）。体力的にもきついところがありますね。時間をかけてええもん作ろうと思えばできるかもしれないけど、そうしたら間に合わない。そのせめぎあいの中でやっていく大変さを感じました。

——すごく大変だと思うのですが、やりがいを感じる部分はありますか？

制作に関しては僕は好きじゃないというか嫌いなので（笑）。何もないんですけど、サラリーマン時代って、会社に何かあったとしても会社全体が困るだけで、自分はいつもどおり給料をもらっているだけじゃないですか。今のように主体的に考える必要がなかったんです。ここに入った方が気楽やと思って来たのに、サラリーマンのときより働いてるっていう（笑）。今はずっとこの会社のことを考えてますから。しんどいですけど、主体的にやってる分、そこは楽しいかなと。

継続的に働いてくれる職人を一から育てることが今後の課題だと父・雅英さんは言うが、健一郎さんの考えは違うという。

僕は逆ですけどね。職人を育てるのは無理やと思います。いい人に当たるかどうか、そこって運しかないなと思います。それよりは誰がやってもできるように変えていくっていうのが大事かなと思って。誰でもできる作業についてはアルバイトさんでうまく回したいなっていう。もちろん難しいところにはやっぱり職人さんが絶対必要やと思うんですけど、誰でもできる仕事をそういう人にしてもらうのはもったいないんです。職人さんには形づくりとか一番難しい部分をお願いして、あとはバイトで流すとか、そういう風にしないときついなって。

――確かに、せっかく職人さんを育てたとしても、その人が急にやめたら困ってしまう。

そうです。熱意がある人であればあるほど、いつか独立していくということもあるでしょうし。他の会社で働くという選択肢もあるわけですよね。

――今後は技術の進歩による事業への影響もあり得ますか？　３Ｄプリンターみたいなものを取り入れていくとか。

もう同業者はやってますよ。ただ、今はまだ、どっちがええかというと微妙なんです。手で作った方が安いし速いしっていう部分もあるでしょうし、機械の方がええなっていう部分もあるんで、どっちかっていうと、それをハイブリッド的に組み合わせていくっていうのが今なのかなと。機械に全部任せてしまうと、結局は資本がデカい方が勝つじゃないですか。大きな会社だと発泡スチロールを削るマシーンが50台も１００台もあったりする。そうなると絶対そっちの方が強いんで。だから手作りでできる範囲をある程度残さないとっていうのは思いますね。手作りと機械とをうまいこと融合させるっていうのがたぶん、うちみたいな小さいところの生き残っていく術《すべ》かなと思います。

インタビューの終わりに、父・雅英さんがこんなことをおっしゃった。

「普通の人はみんな努力してきてますやん。僕は一切努力はしてきてない（笑）。看板屋さんでもしようかゆうのも、たまたま新聞広告で募集してたゆうだけであって、ほんで1年でやめてすぐ独立したわね。注文入るかどうかゆうのも何も考えてない。考えたら何もやってないと思いますわ。『将来どうやって食うていこう』って考えたら何もできないですよ。立体看板の仕事も友達に『作ったことないもん、よう引き受けたな』って言われるもん。みな成り行き成り行き。仕事も熱心にやったことないしね（笑）。ただ、納期があるから徹夜して一生懸命やってるだけであって。ほんまに何も考えないでやってきたんや」

そんなお父さんのスタイルがどのように見えるか、息子の健一郎さんにたずねてみた。

「いや、普通マネできないですね。心配になりますね。でも確かになんとかなってるんですよ。思うのは、前もって一生懸命考えてからやる人っていうのは、おそらく、何かのピンチのときに弱いと思うんですよ。それが立ちゆかなくなったらどうしようもなくなる。でも、何も考えずにやってる人は、常にピンチ状態なんで（笑）、火事場のクソ力的なものが働くのかなと思うんです」

こう聞くと、〝常にピンチ状態〟を柔軟にしぶとく生き抜いてこられた雅英さんの姿に、改めて力強さを感じる。「もう71歳ですわ。周りの友達みんな遊んでますわ。僕だけですよ。こんな、徹夜してんの」と笑う雅英さんと、未来を見据えてそれをサポートする健一郎さんのお二人を中心に、ポップ工芸がこれからも立体看板で大阪を活気づけてくれることを願いつつ、八尾の町を後にした。

２０２１年10月2日、緊急事態宣言が解除となって初となる週末に私は道頓堀を訪れた。観光客で賑わっていた通りゆえ、まだまだコロナ禍以前と比べると人出は少なかったが、それでも少し賑わいが戻ってきたように感じられた。

ポップ工芸が手掛けたさまざまな立体看板を、路上に生まれた美術館で作品を鑑賞する

「大阪王将」の巨大餃子看板も「ポップ工芸」の制作物（2021年10月撮影）

ように一つひとつ見上げていく。造形の細かな工夫や、リアルな彩色に注目していくと楽しい。

散歩の締めに「金龍ラーメン」でラーメンを食べながら、「何も考えないでやってきた」という雅英さんの言葉を思い出していると、ふらふらと生きてきた自分に対しても、大阪の町の将来についても、「まあ、なんとかなるやろ」と背中を押してもらったような気がして、なんだか嬉しくなってくるのだった。

おわりに――「それから」の大阪の「それから」

本書のもとになった連載は、2020年の夏、いつもより静かな天満の町の様子をおそるおそる見てまわるようにしてスタートした。観光ガイドにあまり載らない大阪の魅力を掘り下げてみたいというのが連載の根底にある思いだったが、結果的には、未知のウイルスの脅威に怯《おび》えながらもその困難をなんとか乗り越えていこうとする人々や、町の姿を書き残すことになった。

この「おわりに」を執筆している2022年1月現在も、新型コロナウイルス感染症による不安が消えたわけではなく、感染者数が減ったと思えば新たな「変異株」に怯え、と落ち着かない日々が続いている。そんな中、大阪市此花区で開催される「大阪・関西万博」に向け、着々と準備が進められている。開催にともなって大規模な開発も進められ、大阪の町の様子も今後数年で大きく変わっていくのだろう。

第1章「天満あたりから歩き始める」で訪れた天神橋筋商店街やその周辺は、その後に発令された緊急事態宣言、まん延防止等重点措置などの影響を受けながらも絶えず人々が往来し、活気あふれる場となり続けている。長期休業のまま閉業してしまった飲食店も数多く、それを見るたびに寂しい気持ちになったが、空き店舗がいつの間にか新しい店になっていたりして、しぶとさを感じる。

第2章「万博開催予定地の『夢洲』をあちこちから眺める」で取り上げた夢洲は、万博開催にともなって新設される予定の「夢洲駅」周辺施設の開発者を民間企業に向けて公募するも応募はなく、総工費を大阪市が負担する方針が決まるなど、当初の予定どおりにいかない部分が多い。新型コロナウイルス感染症が開発工事の進行に大きな影響を与え、まだまだ見通しが立たない状況に見える。

第3章「大阪の異界『石切さん』は〝西の巣鴨〟か」の石切劔箭神社へはその後まだ足を

運べていないが、昇殿での参拝に人数制限が設けられているものの、一般の参拝は通常どおり可能で、週末や祝日の参道は賑わいを見せているようだ。

第4章「西九条の立ち飲み『こばやし』最後の日々」で取材した「こばやし」は文中にあるとおり閉店してしまったが、次女の典子さんが揚げ物と惣菜のテイクアウト専門店「フライ屋こばやし」を東住吉区・長居にオープンし、「こばやし」の店主を務めていた静江さんも調理を手伝っている。静江さんや典子さんの元気な姿を見に、かつての常連客が頻繁に訪れてくるそうだ。

第5章「コロナ禍の道頓堀界隈を歩く」で散策した道頓堀周辺には、大阪府における4度目の緊急事態宣言が解除された2021年10月1日以降、だいぶ活気が戻ってきたように見える。しかし国内の観光客の姿は増えたものの、大阪の中でも特に海外からの観光客で賑わっていたエリアだけに、かつての混雑ぶりにはまだまだ程遠い状況だ。

第6章「屋台も人も消えた、今宮戎神社の『十日戎』」で訪れた今宮戎神社では、前年に引き続いて2022年の十日戎も露店などの出店を自粛。「宝恵駕」や「献鯛行列」といった行事も中止された。かつての賑わいが戻ってくるのはまだ先になりそうだ。

第7章「夢の跡地『花博記念公園』の今」で歩いた「花博記念公園鶴見緑地」は、園内の整備が進められてはいるものの大きな変化はなく、市民の憩いの場としてののんびりした雰囲気を保ち続けている。参加者を集めての大規模なイベントも頻繁に開催されるようになっている。

第8章「船場の昔と『船場センタービル』」で取り上げた「船場センタービル」も、大阪市内の他の繁華街と同じく2021年10月1日以降はだいぶ人出が戻ったように感じられる。地下の飲食店街では酒類の提供も再開され、夜ともなれば酔客の姿が多く見受けられる。

第9章「中止と再開を繰り返す四天王寺の縁日」で取材した四天王寺の縁日は取材後も何度か中止となったが、開催されるたびにYさんは屋台を出し続けている。私の手際が悪かったのだろう、あれ以降「また屋台を手伝って欲しい」と言われてはいないが、縁日に顔を出すと「また飲み行こうな」と笑顔を見せてくれる。

第10章「ベトナムに帰れぬ日々を過ごすアーティスト」で話を聞いたトラン・ミン・ドゥックさんとは取材後も何度か一緒に食事をした。2021年8月末になってベトナムへのフライトが1席分確保できたと突如連絡があったそうで、慌ただしい別れとなった。とはいえ、ベトナム国内へはたどり着くことができても、新型コロナウイルス感染症への警戒体制が非常に厳しく、ドゥックさんの故郷であるホーチミンで生活することは未だにできていないという。

第11章「緊急事態宣言明けの西成をゆく、ちんどん行列」で取材した「ちんどん通信社」

はその後も大阪を中心としたあちこちでの宣伝、イベント出演を続けている。２０２１年９月には、長年にわたってちんどん通信社の活動を追い続けているデンマーク人ジャーナリスト、ケント・ダール氏の写真展が大阪市内で開催され、多くの来場者を集めた。

第12章「〝自分たち世代の大衆酒場〟を追求する『大衆食堂スタンドそのだ』」で取材した「大衆食堂スタンドそのだ」は順調に営業を続け、２０２１年９月、東京・五反田にオープンした系列店も人気を博している。

第13章「朝６時から３６５日営業し続ける銭湯『ユートピア白玉温泉』の今」の「ユートピア白玉温泉」は取材後も毎日営業を続けており、２０２１年11月には大阪府公衆浴場業生活衛生同業組合が主催した「令和の大阪銭湯博２０２１」にも参加するなど、幅広い形で銭湯の魅力をアピールしている。

第14章「道頓堀を立体看板でド派手に彩る『ポップ工芸』」で取材した「ポップ工芸」の

立体看板は引き続き道頓堀の町の名物となり続けている。一日も早く国内外の観光客であふれる道頓堀が戻り、多くの人が立体看板を見上げる日々がやってくることを願わずにはいられない。

世界の国々や日本各地と同じく、大阪は今も大きな変化の過程にある。新型コロナウイルス感染症による変化も、万博開催に向けた変化もある。私はこれからも移住者として大阪にいて、変わっていく町を見続けていたい。

今回、本書のもとになった連載を通じ、まったく知らなかった大阪の魅力の数々にふれることができた。貴重な機会をくれた編集担当・千葉直樹さんに感謝したい。

新型コロナウイルス感染症への対策がうまくいかず、多くの死者を出した大阪。それでありながら、２０２１年10月31日に投開票が行われた衆議院選では日本維新の会が圧勝し、支持の強さを見せた大阪。そして万博開催へと進んでいく大阪。今、この時に大阪で暮らしているということは私にとって大きな意味を持っていると思う。大阪は今後どうなって

きる形で伝えていきたいと思う。私はこれからもしっかりと大阪の町を見て、そこで感じたことを私にできいくだろうか。

スズキナオ

２０２２年１月

スズキナオ

一九七九年東京生まれ、大阪在住のフリーライター。ウェブサイト『デイリーポータルZ』などを中心に散歩コラムを執筆中。著書に『深夜高速バスに100回ぐらい乗ってわかったこと』『遅く起きた日曜日にいつもの自分じゃないほうを選ぶ』（スタンド・ブックス）、『関西酒場のろのろ日記』(ele-king books)、『酒ともやしと横になる私』(シカク出版）など。酒場ライター・パリッコとの共著に『椅子さえあればどこでも酒場 チェアリング入門』(ele-king books)などがある。

「それから」の大阪《おおさか》

集英社新書一一〇三B

二〇二二年二月二二日 第一刷発行

著者……スズキナオ
発行者……樋口尚也
発行所……株式会社集英社
東京都千代田区一ツ橋二-五-一〇 郵便番号一〇一-八〇五〇
電話 〇三-三二三〇-六三九一（編集部）
〇三-三二三〇-六〇八〇（読者係）
〇三-三二三〇-六三九三（販売部）書店専用

装幀……原 研哉
印刷所……凸版印刷株式会社
製本所……加藤製本株式会社

定価はカバーに表示してあります。

ISBN 978-4-08-721203-7 C0236
Printed in Japan

a pilot of wisdom

a pilot of wisdom

集英社新書　好評既刊

コロナとWHO 感染症対策の「司令塔」は機能したか
笹沢教一　1092-I

WHOは新型コロナウイルスに対して的確な対応をとってきたのか。様々な施策を緻密に検証する。

シンプル思考
里崎智也　1093-B

第一回WBCで日本代表の正捕手を務めた著者が、迷わず決断し行動するために必要な思考法を説く。

代表制民主主義はなぜ失敗したのか
藤井達夫　1094-A

ポピュリズムが席捲する中、民主主義はどこへ向かうのか。政治理論を基に様々な可能性を検証する。

シングルマザー、その後 〈ノンフィクション〉
黒川祥子　1095-N

国から見放された女性たちの痛切な叫びに耳を傾け、制度の不作為を告発するルポルタージュ。

会社ではネガティブな人を活かしなさい
友原章典　1096-A

幸福研究を専門とする著者が、最新の研究から個人の性格に合わせた組織作りや働きかたを提示する。

胃は歳をとらない
三輪洋人　1097-I

胃の不調や疲労は、加齢ではない別の原因がある。消化器内科の名医が適切な治療とセルフケアを示す。

他者と生きる リスク・病い・死をめぐる人類学
磯野真穂　1098-I

リスク管理と健康維持のハウツーは救済になるか。人類学の知見を用い、他者と生きる人間の在り方を問う。

韓国カルチャー 隣人の素顔と現在
伊東順子　1099-B

社会の〝いま〟を巧妙に映し出す鏡であるさまざまなカルチャーから、韓国のリアルな姿を考察する。

9つの人生 現代インドの聖なるものを求めて 〈ノンフィクション〉
ウィリアム・ダルリンプル／パロミタ友美 訳　1100-N

現代インドの辺境で伝統や信仰を受け継ぐ人々を取材。現代文明と精神文化の間に息づくかけがえのない物語。

哲学で抵抗する
高桑和巳　1101-C

あらゆる哲学は抵抗である。奴隷戦争、先住民の闘争、啓蒙主義、公民権運動などを例に挙げる異色の入門書。

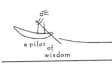